教师专业发展丛书

教育创新与课堂优化设计

本书编写组◎编

Jiaoshi Zhuanye
Fazhan Congshu

教师的专业发展，不在于理论是否高深与新颖，重要的是理论与实践的联系，让教师们从自己的日常工作中获得真实有效的经验与反思。本丛书更多地立足于教师的三尺讲台来研讨教师的专业发展，从真实可感的教学实践中探索教育的真知。

世界图书出版公司
广州·北京·上海·西安

图书在版编目（CIP）数据

教育创新与课堂优化设计／《教育创新与课堂优化设计》编写组编 . —广州：世界图书出版广东有限公司，2011. 3（2024.2 重印）

ISBN 978 – 7 – 5100 – 3354 – 4

Ⅰ . ①教… Ⅱ . ①教… Ⅲ . ①中小学 – 教育改革 – 研究②中小学 – 课堂教学 – 教学设计 Ⅳ . ①G632. 0②G632. 421

中国版本图书馆 CIP 数据核字（2011）第 036111 号

书　　名	教育创新与课堂优化设计	
	JIAO YU CHUANG XIN YU KE TANG YOU HUA SHE JI	
编　　者	《教育创新与课堂优化设计》编写组	
责任编辑	冯彦庄	
装帧设计	三棵树设计工作组	
出版发行	世界图书出版有限公司　世界图书出版广东有限公司	
地　　址	广州市海珠区新港西路大江冲 25 号	
邮　　编	510300	
电　　话	020–84452179	
网　　址	http://www.gdst.com.cn	
邮　　箱	wpc_gdst@163.com	
经　　销	新华书店	
印　　刷	唐山富达印务有限公司	
开　　本	787mm×1092mm　　1/16	
印　　张	11.75	
字　　数	160 千字	
版　　次	2011 年 3 月第 1 版　2024 年 2 月第 3 次印刷	
国际书号	ISBN　978–7–5100–3354–4	
定　　价	59.80 元	

"教师专业发展"丛书编委会

主　编

王利群　　解放军装甲兵工程学院心理学教授
周作宇　　北京师范大学教授、教育学部部长

编　委

马世晔　　中华人民共和国教育部考试中心
李功毅　　《中国教育报》副总编
王增昌　　《中国教育报》高级编辑
殷小川　　首都体育学院心理教研室教授
张彦杰　　北京市教育考试院
魏　红　　北京师范大学教务处
刘永明　　北京师范大学继续教育与教师培训学院 副研究员
刘艳茹　　北京市顺义区教育研究考试中心，中学高级教师
刘维良　　北京教育学院教育学教授
杨树山　　中国教师研修网执行总编
肖海雁　　山西大同大学心理系主任，教授
张兴成　　西南大学（原西南师范大学）副教授
南秀全　　湖北黄冈特级教师
方　圆　　北京光辉书苑教育研究中心研究员

序　言

　　教师是一个神圣的职业，也是一个更加需要专业性的职业。这里的专业性主要体现在一个教师的教学技巧上，包括课堂的管理、对学生的培养方法、教育理念如何随着时代、环境、学生情况的变化而更替、教师自身专业知识的巩固、更新等等。

　　一个教师所拥有的良好的教育方法，不但可以帮助教师提高工作效率、改善教育成果，也能为师生之间建立起一座情感的桥梁。教学方法的掌握更能引发学生的学习兴趣，集中学生的注意力、激发学生的求知欲、更能让教师的工作环境、学生们的主要学习环境——课堂充满生动、活泼、自然之气氛。

　　为了适应新课程改革的发展和广大教师职业发展的迫切需要，我们推出了这套"教师专业发展"丛书。依照教师们在教学中遇到的、可能遇到的问题都做了面面俱到的分析和解答，为教师们提供了多种教学方法，以便参考。

　　培养出品学兼优的学生，一直都是所有的教师的最梦寐以求的。如何让一个好学生好上加好，让一个"坏"学生逐渐向好学生过渡、转化，都是需要教师付出大量心血和娴熟技巧的。《好学生是教出来的》《没有不好的学生，只有不好的教育》就是针对好学生的养成而策划的。它们从不同的角度进行阐述，目的就是让教师能够抓住教育的切入点，从而对症下药、因材施教。

　　《教育创新与课堂优化设计》与《教师课堂教学技能的培养和提高》两本书中提供了一系列的方法和技巧，来帮助我们教师如何把死板的教学变得更加鲜活，怎样把最经典的教育理念和方法融入有趣的情境中，让教师更充分地领会先进、有效的教育方法。而公开课是每一位教师都要经历的。它不仅是对教师教学水平的检验，更是教师交流和探索教学经验的平台。不管是步入教师行业的第一堂公开课，还是在教师职业上的任何一堂，都是全方位检验一个教师教学质量的试金石。所以便有了《如何上好一堂公开课》这本书。

《如何成为骨干教师》这本书明确地道出了成为一位骨干教师所要具备的基本要求，并提供了各种可以达到此标准的路径。

在此套丛书中，我们更注重的是培养广大教师的教育思想、创新精神，鼓励教师们在实践中创造性地发展，总结先进的教学模式和教学方法。毫无疑问，这些新思想、新模式、新方法势必能够使教师们极大地提高教学质量。

丛书采用了浅显的语言去解释深刻的道理，把死板的说教知识人性化、鲜活化，并运用了大量的案例来分析、点评、讲解，把先进的教育理念同有趣的情景再现融会贯通，深入浅出，娓娓道来，让教师们能够最大程度上的领会、吸收先进的教育经验。

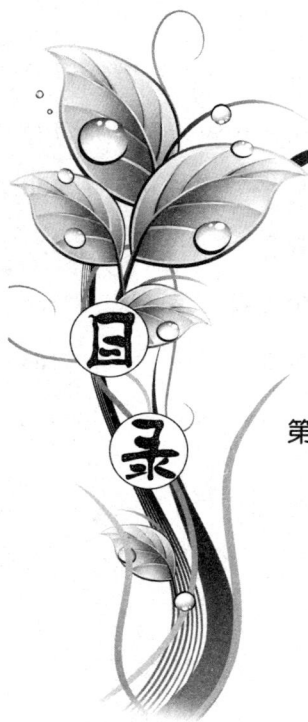

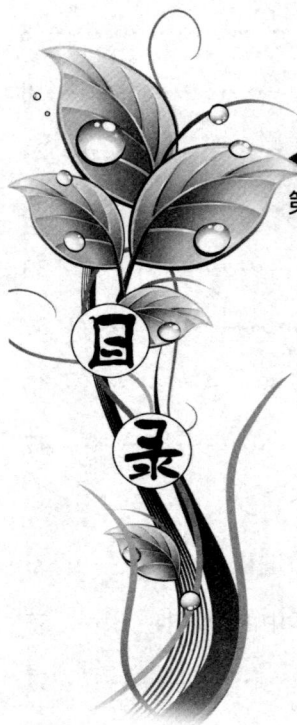

目

录

引　言

　　走教育创新之路，实施创新教育工程，是我国教育发展与改革的时代课题和任务。

　　从宏观的角度来看，创新决定着一个国家和民族的综合实力和竞争能力。创新不是凭空臆造，是建立在知识、转化和应用基础之上的，而这一切又深深扎根于教育基础之上，无论是知识创新还是技术创新，均离不开教育对它的支撑。从教育创新，特别是课堂教学的创新入手，大力提倡和实施创新教育，才能真正培养出与时代潮流相适应的具有创新意识和创新能力的高素质人才，进而提高整个民族的创新程度。

　　从微观角度来看，创新教育对个人良好素质和人格的形成与发展同样具有重要作用。传统的学习过程是一种继承性、维持性的学习，它通过学习获得原来已经确立起来的观念、方法和原则，以应付已知的、重复的情景，这在现代社会是不够的。现代社会中文化知识、科技以及经济发展瞬息万变，竞争激烈，思考问题的方式与以往的社会大有不同。人们不仅要适应原来社会的生活规律，更需要改造和创造新的生活条件，不断完善自我，这就需要强调创新精神、创新观念和创新行为，人们也只有接受创新的教育，进行创新的学习，才能在知识经济社会中敏捷地接受新知识，创造世界，创新生活。

　　另一方面，课堂是学生直接的受教育场所，是培养学生创新意识、创新精神和创新能力的主要途径。因此创新教育的实施必须紧紧依靠课堂这

块主阵地，课堂教育应以最优化的教育影响作用于学生，使学生的创新潜能得以最大化的开发与挖掘。但是，传统的教育体制在创新性学生培养的许多方面都不尽完善，严重地影响了学生创新才能的培养。为满足创新人才的需求，必须优化课堂设计，从教育观念、培养目标、教育内容、教育方法与手段以及管理体制等方面着手，加大教育创新力度，以教育创新促进创新教育。

首先，教育方法与手段的创新。学生的创新思维是一项自主性的活动，传统教育中的"填鸭式"灌输教学方法显然不能培养学生的创新思维和能力。在传统的教学方法中，有时片面强调繁琐练习、过多背诵以及偏重死记硬背的考试，阻碍了学生主观能动性以及思维的发展，使知识的迁移能力大为降低，更谈不上创新思维和创新能力的发展。只有通过教师启发式教学，才能调动学生的主动性、自觉性，激发积极的思维，培养分析问题和解决问题的能力，从而有所发现和创新。应该说，启发性只是创新教育教学中所要求的思想原则，任何一种旨在启发和引导学生创新能力形成发展的方法都可以使用，如发现式教学法、讨论式教学法、尝试式教学法、疑问式教学法以及暗示式教学法等。

其次，教育教学评价体系和方法的创新。传统教育纯知识记忆的考试所导致的直接后果就是学生思维的僵化。因此，创新教育必须在原有教育教学评价体制方面大力革新，使教育在学生创新能力的培养过程中真正发挥出导向功能。在考试内容上，不仅要考属于知识记忆性和技能技巧性的内容，还应包括一定比例没有标准、可以让学生充分发挥想象、以表现学生自己创见的题目，以激发学生的创新思路，学生也会在平时的学习中，着重培养自己的扩散思维、求异思维、逆向思维等创新思维能力。在考评形式上，要打破传统教育中形式单一化的特点，变终结考评为形成性考评，同时采取多种考评形式，如笔试、口试、开卷和实践能力考查等。在评价中，可以通过学生自评、学生互评、小组评价、教师评价等多种形式进行。在评价过程，教师要及时收集信息、反馈信息，恰当地把握评价时机。通过这些丰富多样的评价形式，可促使学生开放性个性和创新意识创新精神的形成。

　　再次，课堂教学结构模式的创新。课堂教学结构模式是在一定教育思想指导下，为完成规定的教学目标和内容，对构成教学的诸要素所设计的比较稳定的简化组合方式及其活动程序。而这里指的一定的思想就是创新思想，教师就是要在创新教育思想指导下，借鉴先进的课堂教学模式，创新出自己能体现"教师为主导、学生为主体、训练为主线、思维为核心、能力为目的"的新的课堂教学结构模式。

　　最后，在创新教育的师生关系上，教师要改变传统的观念和角色。传统教育很强调"师道尊严"、"教师权威"，这种观念很大程度上给学生创新能力的发展造成了阻碍。德国戈特福里德·海纳特提出："教师凡欲促进他的学生的创新能力，就必须在他们班上倡导一种合作、社会一体的作风，这也有利于集体创新力的发挥。"在创新教育中，教师在课堂教学中应主要起组织引导、控制以及解答作用，要改变"一言堂"、"满堂灌"、"满堂问"等弊病，形成以学生为中心的生动活泼的学习局面，这样容易激发学生的创新激情。

　　综上所述，一个好的课堂是有效的、创新且富有启发性的。本书就本着教育创新的精神，从教师备课、课堂教学、课堂管理等几个步骤对课堂教学进行梳理，力求做到教学的最优化。

引言

第一章　教育需要创新

　　创新是教育的灵魂，缺乏了创新思想的教育，就是没有灵魂的教育。有些教师可能不以为然："我一个普通教师，只要教好书就行了，什么创新不创新的、思想不思想的，那是学校领导和教育部门的事情。"这是一种对教育思想、教育理念的误读，事实上教育思想、教育理念渗透在一切教育行为中。教师的思想观念问题，甚至比教师专业水平的培养更为优先和重要。教育需要创新，就是要深入理解教育的基本思想，本章就对基本的教育思想进行详细解读。

第一节　教育的人本化

　　现在很多学校都提出"以学生为本"，"一切为了学生，为了一切学生，为了学生的一切"等口号就是这一教育理念的体现。然而，这一思想的确立是经过了漫长的演变和斗争的。

　　众所周知，传统教育强调"三中心"论，其中之一就是"教师中心"，教师站在讲台上，犹如阳光普照万物一般，课堂由教师支配，按教师预设的框架展开，学生被动的、像道具一般配合而已。直至今日，一些公开教学，在正式评课之后，一般会请授课教师说上几句。授课教师说的时候往往会提到学生的"配合"情况，课上得好，老师会谦虚地说上一句："今天同学们配合得好。"如果课上得不怎么太好，教师会带着遗憾地说："今天同学们配合得不好。"此话后面，实则是传统的理念。

　　近代以来，美国著名教育家杜威（1859～1952年）对传统教育忽视儿童的做法提出了尖锐的批评。他说，传统学校的"重心是在儿童之外，在教师，在教科书以及在其他你所高兴的任何地方，唯独不在儿童自己即时的本能活动之中"。在他看来，传统学校教育的一切主要是为教师的，而不是为儿童的。所以，他提出要进行根本性的变革："我们教育中将引起的改变是重心的转移。这是一种变革，这是一种革命，这是和哥白尼把天文学的中心从地球转到太阳一样的那种革命。这里，儿童变成了太阳，而教育的一切措施则围绕着他们转动，儿童是中心，教育的措施便围绕他们而组织起来。"

杜威提出，教师不应总是站在讲台上，他们应该从讲台上走下来，走进学生之中。这标志着一种全新的教育理念——以"学生中心"为主旨的现代教育观的正式确立。周贝隆在《什么样的思想——什么样的教育》一文中说："前些年，教育部领导代表我国出席国际会议，我国的政府文件、发言稿中多次出现'受教育者'一词，其英译难倒了教育部外语翻译的黄仕琦老先生。原来在现代教育中，学生是发展的主体，'受教育者'一词在英语中早已消亡，普通人不明其意，在现代英语词典中也无法查到。'受教育者'的'受'，不管从哪个角度讲，都是被动的代名词。"

教育界曾讨论："好成绩是教出来的吗？"起因是某校一学生上课不认真，课后被老师带回办公室"训话"，正在老师将要发话而未及开口之时，学生却抢先讲话了："老师，你以为你教得好我就考得好呀？即使我考试得高分，那也不是因为你教得好，而是因为我学得好！"由此而引发这一讨论。稍有教育常识的人都知道，这个学生的话讲错了一半，又讲对了一半。好成绩是教出来的，但又不完全是教出来的！

爱因斯坦的人本教育观也值得我们思考。他说："知识是死的，而学校却要为活人服务。"学校不能仅是传授知识的工具，更不能把学生"当作死的工具来对待"，像是对待没有生命的"无机物"一般。爱因斯坦认为："学校的目的始终应当是：青年人在离开学校时，是作为一个和谐的人，而不是作为一个专家。"确实，我们的教育首先是培养"人"，而不是培养"某种人"，如果能够按照这样的理念，教师在思想负担上就能够轻松许多，就有可能真正地实现"学生为本"的教育思想。

一位青年教师讲秦牧的散文《土地》。文中有这样两句话："骑着思想的野马奔驰到很远的地方"、"收起缰绳，回到眼前灿烂的现实"。突然，有一位学生问道："老师，既是野马，何来缰绳？"毫无准备的老师张口结舌。最后老师很不耐烦地说："如果少钻牛角尖儿，你的学习成绩还会好些吧！"老师的回答使这位学生非常难堪，学习兴趣全无。

这是一个学生的内心阐述：我原来在小学是个爱提问的人，可每次提问都被老师否定了。记得有一次，一位语文老师在教古诗《春晓》时，我觉得有疑义，就问老师："老师说诗人春天好睡觉，连天亮都不晓得，那

他夜里怎么能听见风雨声呢?"这位老师很不以为然地说:"这有什么奇怪的!早上起床到外面看一看不就知道了?"当我还要再问时,老师挥挥手让我坐下,环视一下全班同学,多少带着点嘲笑的口吻说道:"大家说说看,是他对还是老师对?"同学们毫不犹豫地齐声答道:"老师对!"当时我感到很尴尬,竟然对自己的判断产生了怀疑。所以到了中学以后,我很少提问……不像以前那样"挑刺"了。

这里有一个问题需要明确,一些人以为,"以人为本"就是不能管得太多、太严,似乎严格管理就是"不人性化",就是不以人为本了。老师批评学生,学生说:"老师,你怎么不以人为本了?"其实,这里有一个思维方式的问题。国人习惯于平面思维,将两个相对应的东西放在一个平面上,很容易得出一个"非此即彼"、"有我无你"的排他性的结论,比如,在对待启发式与灌输式、素质教育与应试教育等问题上莫不如此。今天看来,我们很多时候应该作些立体思维,把不同要素放在不同的立面上,你会发现它们原来是可以共存共生的。"以人为本"绝对不是不要严格管理,而主要是指管理方式上应该柔性,学校的一切教育教学工作应该从"目中无人"到"目中有人",将学生视为有独立人格的人,不能如对待无生命的"无机物"一样。

第二节　教育的人性化

在校园里待的时间长了，总觉得我们的教育少了点什么，细细想来，少的就是人性！如学生回答提问，不管对错，老师都漠然视之，仅以手势示意其坐下，甚至在示意时眼睛都不看着学生；学生向老师问好，有些老师不会亲切地回礼，最多也就是哼一声，算是有点反应了，怪不得有人发出感叹："中国的老师，你少礼了！"老师不能叫出学生的名字，提问时往往称呼"那位同学"、"第×排那个同学"，等等。下面是一位教师的例子：

老师，请叫我的名字

一天晚上，我准备批改作业，刚翻开第一本，就发现里面夹着一封短笺，上面写道："曹老师，您好！冒昧地给您提个意见，您每次在课堂上提问我时，不是喊'第三排穿红衣服的同学回答'，就是喊'王小蕾的同桌回答'，从来没有叫过我的名字，您是不记得我的名字，还是根本就不屑叫我的名字？您的学生潘丽。"读了这封短笺，我脸上变得热辣辣的。

实事求是地说，这几年，随着年龄的增长，我已经不再刻意去记班里学生的名字了，除了那些学习比较突出或比较调皮的学生，我能够做到人与名字对上号以外，那些平时不显山不露水的中等生的名字，我真的大多都记不住。就是这个"胆敢"给我提意见的潘丽，在我的脑海中也没有多少印象。在课堂上提问的时候，我多是让"第几列第几个同学回答"。关注的焦点也是学生回答的结果，而不是他们的表情和心理感受，我并没有感觉这样做有什么不妥。潘丽的短笺让我惭愧，也让我反思，这些年我的

课堂越来越沉闷，与记不住学生的名字是有一定关系的。我终于明白：准确地喊出每个学生的名字，是让学生对老师产生好感的最简单、最直接的办法之一，老师响亮地喊出学生的名字会让学生感觉到自己在老师心目中的地位很重要。于是，我拿出一整天的时间，对照着学生的登记表，把全班54位同学的名字牢牢地记在了心里，并对每个学生的个性特点作了比较详细的了解。

再上课的时候，我面带微笑响亮地点了名，并对每个学生的特点作了简短的点评。我看到每个被我点评到的学生都把眼睛睁得大大的，脸上写满了自信，我感觉自己又找回初登讲台时的豪情了。

教育是育人的工作，本来应该是"人"情味十足的地方。天气凉了，提醒学生加件衣服；学生请了病假，病好后返校上课，老师走到他身边，弯下腰，拍拍他的肩膀关切地问候一声："某某同学，好些了吗？"……学生一定会周身洋溢着一种温暖感。这本身就是德育，一种做人的教育，而不是说这些教育一定要从各个学科中抽出来，专门放到政治课里去"说教"。

有人发出"应充分关注学生的生命质量问题"的呼吁！一个人生命的大约1/6时间是在学校度过的，他们在其中的生活质量如何，不能不引起人们的关注。

一、教育的本质就是培养人的尊严

（一）人格无大小之分

在现代文明社会里，不分年龄大小，人与人的关系是相互平等的关系，每个人的人格尊严都应当受到尊重。我国《宪法》明文规定："中华人民共和国公民的人格尊严不受侵犯。"《未成年人保护法》总则更是具体地把"尊重未成年人的人格尊严"列为保护未成年人工作应遵循的四大原则之一。

尊重公民的人格尊严，本来就是"依法治国"的一项重要内容。而以维护学生健康成长为己任的教师，尊重学生人格就更应是情理之中的事情。毛泽东有句名言："世间一切事物中，人是第一个宝贵的。"教师要认

识到，不论学生多么幼小，多么不成熟，不论他们身上当前还存在多少缺点，多少不足，教师都应当首先看到他们是世间最宝贵的人。而人性中最宝贵的是受到别人的尊重和赏识，保护学生的自尊心，尊重学生的主体地位，让他们体验人生的价值，并提升这种价值，这才是真正的教育、成功的教育。

现实中往往有这样一个悖论：一些老师说，对学生越是尊重、宽容、民主，学生越发肆无忌惮、变本加厉，甚至觉得老师人善可欺；对学生严厉冷峻，甚至动用暴力拳脚相加，学生倒个个噤若寒蝉、乖巧听话，而且后者教学成绩明显优于前者。如何看待这个问题？我们认为，这既有方法、技术的问题，更有"一统就死，一放就乱"的深层次的文化背景问题，但无论从哪个角度讲，都绝对不表明尊重、理解、民主、宽容的教育方向错了。

苏霍姆林斯基说："教育的核心，就其本质来说，就在于让儿童始终体验到自己的尊严感：我是一个勤奋的脑力劳动者，是祖国的好公民，是父母的好儿女，是一个有着高尚的志趣、激情和不断取得进步的完美的人。"他从不给小学生打"不及格"的分数。如果儿童有什么地方做得不好，就对他说："你试一试重做一遍，只要下点功夫，你就一定能做好。现在还没有给你打分数，你再努力点，就一定能得到好分数。要是你有哪一道题不懂，明天上课前到学校里来，咱们一起想一想。"上课前的半小时，是苏霍姆林斯基跟学生一起进行最有趣的脑力劳动的时间，与学生心灵相互交往的幸福时刻。在这半小时里，儿童是带着他的苦恼来找他的，要知道，儿童不会做功课，没有收获，是他真正的痛苦。不知道你是否体验过，跟儿童一起思考，究竟是怎么一回事？"清晨，在校园里一棵繁花盛开的苹果树下，我跟三年级学生尤拉坐在一起。我们面前有一道应用题，必须把它解答出来。我帮助这孩子随时拨正他思路的航向，终于，他发现了真理，内心充满了喜悦，他觉得他在认识的道路上提高了一步。他感到幸福，他的苦恼消失了。跟儿童在一起思考的这种时刻，也给我带来了很大的欢乐。我向你们担保，年轻的朋友：正是在这种时刻，儿童的信任才充分展示出来。如果我跟他一起解除了他的苦恼，他就绝不会欺骗

我。我叫他自己把分数写进记分册，这给他一种自豪感和尊严感。"

我国社会长期盛行着一种带有浓厚封建色彩的传统观念，那就是崇尚等级尊严，忽视人格尊严。至于在教育过程中对未成年人人格的尊重，对于某些教师来说，甚至是连想都没想过的事情，他们头脑中根本就没有这个概念。他们往往把侮辱学生的人格看得无足轻重，当成家常便饭。这种状况给儿童和青少年敏感的心灵带来的伤害和摧残，是非常严重的。台湾已故女作家三毛，曾自述她在 12 岁读初二时的一段经历读来震撼人心：

由于数学老师对她极为冷淡，她上课时总是感到老师的眼睛"像小刀一样随时会飞来杀我"，所以根本听不进课，成绩一直很差。后来她发现，每次数学小考的题目都是老师从课本后面的习题中选出来的，于是就凭借记忆力好，把这些题目的解法事先背下来，终于连续得了 6 个 100 分。一次，老师把她叫到办公室，让她当场做一套初三考题，她当然一道也做不出来。老师便把她带回教室，对全班同学说："我们班上有一个同学最喜欢吃鸭蛋，今天老师想再请她吃两个。"说罢，就用毛笔在她眼睛周围画了两个大圆圈，并罚她在教室角落里一直站到下课。下课以后，老师又罚她到操场上绕场一圈"示众"。

这次人格侮辱给这个小女孩造成了巨大的精神刺激，使她从此出现了严重的心理障碍。最初，她一走到自己的教室旁，就会昏倒；后来发展到只要一想到上学，就会失去知觉。于是她再也不能上学，在家里锁上门窗，把自己封闭、囚禁起来，几乎与世隔绝。直到 7 年以后她 19 岁时才结交了一位朋友，并在这位朋友——台湾作家陈若曦的帮助下重新开始接触社会。

从这一事例中我们可以看到，教师对学生人格的不尊重，在教育过程中是一种不可原谅的过失，它对学生精神世界的打击和给学生人生道路造成的后果，是难以估量、难以弥补的。

（二）让孩子感到你是一棵大树，把绿荫覆盖在他们身上

1. 忌"以分取人"、对学生别贵贱定亲疏

学生分数低、成绩差，是发展中的差距，我们没有任何理由因此而漠视他的人格。几岁、十几岁的学生，他们还是骨骼未长成的孩子，他们还

在发育，他们身上每分每秒都可能会诞生一个新世界。

人类文明史上的许多事实表明，一些学生时期考试分数并不突出的人，后来却成了优秀人才，甚至成为伟大的科学家。例如富兰克林、瓦特、法拉第、达尔文、爱迪生、爱因斯坦等都是如此。现在，在很多国家，学生考试分数被作为其个人隐私的一部分，学校和教师不得随意向他人公开，这样做的目的正是为了避免某些学生因分数而受到歧视。

2. 让体罚和变相体罚远离文明的场所

善待孩子是教师的责任，善待孩子包括要学会容忍孩子的弱点。但这方面经常有一些不和谐的"音符"：

有的教师动辄辱骂学生："你真笨"，"你的脑袋真是一块死木头疙瘩"……甚至将学生的祖宗八代也一起"株连"上。

有的教师喜欢用罚站、罚劳动（这种做法会引起学生对劳动的轻视，本来劳动应是受人尊重的，"劳动最光荣"、"劳动者最光荣"）、把学生赶出教室等方式惩处犯错误的学生。

有的教师为了抬高毕业班的总成绩，给成绩差的学生开出"弱智"证明，把他们推上了求学无门、受同学歧视的绝路。

有的教师仅因学生从同学的文具盒中拿了 10 元钱，就用锥子在学生脸上刺了一个"贼"字，并涂上墨水以示"训诫"。

有的教师让考试不及格的学生轮流站到教室讲台前，当众自打耳光，以考试得分为基数，最多打到 53 下，必须打出响声来。有的学生不肯打，该老师亲自去打，放学时学生一个个都红着脸……

发生在老师身上的这些事，虽然只是个别的，但它造成的影响却是"一粒老鼠屎，坏了一锅汤"，既伤害了学生的身心，也伤害了教师"为人师表"的形象。在人面部刺字，是古时对被充军流放的人的一种墨刑；而"掌嘴"亦是旧时权势者侮辱身边人的一种做法。如此举动，何以发生在当今校园？

从法律角度讲，这类行为已经在某种程度上触犯了《教育法》、《教师法》、《未成年人保护法》等法律。这样的教师如果不尽快改正自己的错误，不但无法为人师表，甚至可能还会受到法律的追究。从道德角度讲，

就更应该深刻地认识到这类行为对学生身心健康所造成的严重危害性。俗话说："良言一句三冬暖，恶语伤人六月寒"。儿童和青少年学生的幼小心灵对于这一点特别敏感，不少学生就正是被某些教师诸如此类的"在气头上"的不慎行为所伤害、所毁掉的。

这里，加拿大的老师和中国老师有最大不同。加拿大老师对学生信任、尊重，经常做的是赞扬和鼓励；而中国的老师则希望领导一群小乖羊，时常"鞭策"和"教诲"；加拿大的老师和同学的关系是平等的，遇事老师会用商量的口吻说："你们认为怎么样？"中国老师和同学的关系只是师生关系，说话常用命令的口吻："你们必须……"；加拿大的老师会和学生一起看电影、旅游，学生常常会拥吻老师，中国的老师会在教室后门的长方形小孔里观察学生上自习的情况。中国的学生也会向老师打小报告，以证明自己与老师的关系非比寻常。一位老师讲了这样一件事，很引人启发：

一天，我放在讲台上的备课本竟然被人撕烂了两张。我火冒三丈。知情人立刻"揭发"出撕本子的人。我一看那个学生，心里"咯噔"一下，愣了。我思忖良久，对全班同学说："我先向大家检讨。昨天，这位同学写字潦草，我一气之下，将整个本子撕为两半。我不该这样做。我撕了他一个本子，而他只撕了我两张纸，说明他还是给老师面子的。他比我好。"教室里静静的，几十双眼睛一眨不眨地望着我。第二天早上，在我的办公桌上端端正正地放着一个和我的备课本差不多大的新本子。不用说我，你也会猜出是谁送的。这位才上三年级、不到10岁的小学生给当时20岁的我上了难忘的一课。

前苏联教育家赞可夫这样说："教师这门职业要求于一个人的东西很多，其中一条要求自制。在你叫喊以前，先忍耐几秒钟，想一下：你是教师。这样会帮助你压抑一下当时就要发作的脾气，转而心平气和地跟你的学生说话。"这是很有道理的。

二、宽严有度才是爱

（一）严与慈：辩证的统一

教师对待学生往往有两个极端的倾向：对成绩好的学生宠爱有加，对

成绩差的学生则冷眼相待。"差生"跟"优生"发生矛盾和冲突，你再有理也没理，道理永远在成绩好的学生一边。教育界有一个让人笑不起来的经典笑话——课堂上一个成绩好的学生和一个成绩差的学生都在打瞌睡，老师怒气冲冲地跑到成绩差的学生旁边，用手猛敲他的桌子，边敲边骂："你简直是个瞌睡虫，一拿着书就睡觉，你看看人家，人家睡着了都抱着书！"

实际上，老师的"嫌差爱优"对两种学生健全人格的形成都是不利的。爱与严应该是相辅相成的。一方面，教师的严格必须以爱为基础，不能让它变成那种让学生感到害怕、敬而远之的"严厉"；另一方面，严格又必须对爱有所限制，它要求教师不能完全感情用事，不能对学生溺爱和放纵。从本质上说，严格要求本身就是一种对学生充满责任感和理智感的无比深沉的爱。前苏联教育家赞可夫曾说："不能把教师对儿童的爱仅仅理解为用慈祥的、关注的态度对待他们。这种态度当然是需要的。但是对学生的爱，首先应当表现在教师毫无保留地贡献出自己的精力、才能和知识，以便在对自己学生的教学和教育上，在他们的精神成长上，取得最好的效果。因此，教师对儿童的爱应当同合理的要求相结合。"前苏联另一位教育家马卡连柯也说："我的基本原则——永远是尽量多地要求一个人，同时也要尽可能多地尊重他。实在说，在我们的辩证法里，这两者是一个东西。"下面来看一个教师"宠之害"的案例：

我任五年级班主任时，班里有个女生叫夏娟娟，长得漂亮，聪明伶俐，能歌善舞，能说会写，各科成绩都很优秀，特别是普通话朗读更为突出。

好孩子都特别容易获得老师的喜爱。课堂上，我提问她最多；作文评讲，她的作文常被我当作范文来读；文艺表演，她是领唱；活动课上，她是主持人。她原是班级文体委员，我自作主张把她提为一班之长。不论班中有什么活动任务，我都放心地交给她去做，她都能完成得十分出色。代表学校参加全省小学生读书征文比赛，她获得了一等奖；参加市区文艺汇演，她获得了第一名；参加学校朗读比赛，她是特等奖。她为学校赢得了荣誉，替班级争了光，给我的脸上贴了金，我怎能不喜爱她呢？

第二学期，有老师向我反映夏娟娟有些飘飘然了，让我别宠坏了她。我听后，一笑了之。

同学们唱歌，她捂耳朵，说人家像乌鸦叫；课上，赏读别的同学的优秀作文，她就撇嘴；在班里的一个跛脚的同学面前，她学正步走；稍不顺心就向同学发脾气。面对同学们不断打上来的小报告，我一点也没有放在心上，甚至还为她说话。即使偶尔被我当面瞧见，我也是轻描淡写地说她两句而已。

毕业后，夏娟娟以优异成绩进入了一所省重点中学。半年后，我遇到我的学生吴晓红，她与夏娟娟一同升入中学且同在一个班。问起夏娟娟的情况，她说夏娟娟已休学在家了。我大吃一惊，忙问为什么？她看着我，笑了笑，毫不掩饰地说："到了新学校，没有老师再会宠着她，没有同学再会佩服她，在那样一所重点中学，佼佼者何止她一个啊！她本来竞选班长，并认为非她莫属，结果却连个小组长都没有选上，人就整个蔫了，与谁都合不来，就像个火药桶，动不动就发火，也没有人再把她当回事。"我如醍醐灌顶，是我害了她！"宽严有度才是爱"，只是我明白得太晚了。一想到夏娟娟那灿烂如花的笑脸，我的心中只有疼痛。

那么，教师在教育实践中该如何严格要求学生呢？

1. 严而有格

这个"格"，就是学校根据国家教育方针制定的培养目标。教师对学生提出的任何要求，都是为了使学生达到这个培养目标而实施的具体步骤。离开了正确的培养目标，严格要求就会走偏方向，就会在学生身上造成不良后果。在"应试教育"倾向下，许多学校对学生的要求可以说是极为严格的，但这种严格实际上妨碍了学生健康、全面、和谐的发展，妨碍了学生主动精神和创造精神的发挥，方向是有偏差的。

2. 严而有度

严格但要适度，要根据学生身心发展不同阶段的特点，提出"可望又可及"的要求，就像跳起来摘桃子，要让他跳起来能够摘得到，这样才能激发他不断地跳的动机。相反，如果目标不切实际地定得太高，不管他怎么跳，都不可能摘到桃子，那么又有谁还会不停地跳呢？不但这样，还会

第一章 教育需要创新

挫伤他的积极性，甚至导致达不到目标之后的焦虑感，缺乏自信，自暴自弃。

青少年学生处于活泼、奔放的年代，他们天地广了，见识多了，贪玩爱动不好管教在所难免。我们要呵护他们，不能管得"看天就是傲慢，说笑就是放肆"，因为独断和压制只能生长出奴性。

3. 严而有方

教师对学生要严格，但这种严格要讲究方式方法，同样提出一个要求，你这样提，学生很乐意接受；你那样提，他就不愿接受，有抵触情绪。徐特立先生早年在长沙一所女中当校长，每当发现学生中有违背学校要求的行为时，就作一首小诗写在走廊的黑板上，用十分亲切的口吻对她们进行教育。这种"诗教"的做法，在我国教育界一直传为佳话。

4. 严而有恒

对学生的严格要求必须始终如一，坚持到底，不能时紧时松，前紧后松，前松后紧，或者虎头蛇尾，甚至有头无尾，否则，学生就会感到无所适从。而且，同样一个问题，你前面处理比较严格，后面处理比较从宽，这也不符合公平的原则，会引起学生的不满情绪。

5. 严而求细

细就是不放过所能了解和察觉到的任何问题，在纷繁的工作中教师要尽量抽出时间多听、多看、多问、多想，从生活、学习、娱乐、思想、劳动、活动以及家庭等多个方面了解学生，关心学生，要善于从细节处发现潜在的问题，及时引导和规范，防患于未然，避免酿成大错，贻误学生的发展。

（二）理解是一种理智的爱

"理解万岁！"理解是爱的别名，理解是一种理智的爱。季羡林教授在《两行写在泥土地上的字》一文中说："我认为，我们中年人或老年人，不应当一过了青年阶段，就忘记了自己当年穿开裆裤的样子，好像自己一生下来就老成持重，对青年总是横挑鼻子竖挑眼。我们应当努力理解青年，同情青年，帮助青年，爱护青年。不能要求他们总是沉稳，总是温良恭俭让。"

　　学生有自己的思维方法、生活方式、价值观念、是非好恶标准，教师不能以自己的想法来硬性强求。教师应该进入学生世界中去，设身处地为学生着想，不要这也看不惯，那也不顺眼，横挑鼻子竖挑眼，学生需要的是教师的理解。"极大多数人，他们像脱去一顶帽子似的，早已把童年抛之脑后。他们犹如忘记一个不再使用的电话号码，忘却了他们自己的童年。"这是不应该的，我们要不忘童年梦，不失童年心，就像有学者所说的："只有长大成人并保持童心的人，才是真正的人！"

第一章　教育需要创新

第三节 教育的博爱化

一、涵养师爱

苏霍姆林斯基曾说："教师要像对待荷叶上的露珠一样，小心翼翼地保护学生幼小的心灵。晶莹透亮的露珠是美丽可爱的，却又是十分脆弱的，一不小心露珠滚落，就会破碎，不复存在。"教育本身就意味着：一棵树摇动另一棵树，一朵云推动另一朵云，一个灵魂唤醒另一个灵魂。如果一种教育未能触及人的灵魂，未能引起人的灵魂深处的变革，它就不成为教育。要实现真正意义的教育，爱几乎是唯一的力量。

教师对学生的爱，称之为教育爱。教育爱是在教育劳动实践中产生的教师对学生的一种自觉、真诚、普遍、持久的爱，是一种充满科学精神和献身精神的爱，是人世间一种极具魅力的特殊的爱。这种爱，与父母子女之爱、兄弟手足之爱、亲朋好友之爱虽有相似之处，但又大不相同：它既不是基于人们之间的血缘关系，也不是出自任何形式的个人需求，而是体现着社会发展寄予教师的重托。人类社会要得到延续和发展，上一代人就要对下一代人寄予希望。这种人世间最为博大的情感，最终必然通过教师的劳动最直接、最集中地体现出来。

（一）教育爱，内涵丰富而深刻

1. 教育爱表现为教师对学生的一种亲近感

许多教师的心始终都依恋着学生，同学生在一起就觉得心情愉快，离

开了学生就觉得若有所失。北京市著名的小学特级教师霍懋征这样讲述自己的体验："我一见到学生，一到课堂上，就来神了；我想学校，想学生，不能离开他们去休息。"上海交大二附中李首民校长在谈到他的学生时，口口声声称作"我们的孩子"，试想，校长也好，老师也好，将学生当作自己的孩子一般对待，这样的教育还有什么不能成的？上海建平中学原校长冯恩洪在回答记者提问时，有这样一段话："我从教这么多年，每天第一个踏进这块我熟悉的校园，但是一直到今天，我没有觉得这是一个老的校园。只要在这个校园里，一接触我自己的学生，我就有一种难以名状的、内心深处的感情的冲动。我不是没有其他的机会，我可以到外贸公司当总经理，到政府机关当局长，但是我拒绝了。因为我觉得，使我真正产生激情的，是我的工作对象，一旦失去了我的工作对象，我会变成什么样的人，我自己也不敢想象。"

2. 教育爱表现为教师对学生的一种理解感

教师总是怀着体贴、爱护的心情去观察和认识学生的言行，即使是对于他们的缺点和错误，也能够从积极的、发展的角度去理解。许多优秀教师都具备这样一种特殊的本领：只要一走进教室，一来到学生之中，就能够不动声色地、迅速地觉察到学生们情绪上细微的变化，时刻与学生保持心灵沟通。

3. 教育爱表现为教师对学生的一种期望感

教师总是对学生寄予殷切的期望，对学生在思想品德、知识智能、身心健康等方面的点滴进步，都会由衷地感到高兴。他们始终相信学生是可以教育的，时刻准备用自己心中的火种去点燃学生心中的生命之火；即使是对于那些各方面暂时还比较落后的学生，也决不轻言放弃。

4. 教育爱表现为教师愿为学生的成长而努力奉献的热忱

只要对学生的成长有好处，教师都会心甘情愿、义无反顾地贡献出自己全部的知识和能力，贡献出自己宝贵的青春和年华。尽管教师的劳动很难得到精确计算，尽管教师的工作往往与财富、权力、名声无缘，但他们却无怨无悔，一心只把学生的成长和进步当作自己最大的安慰和最高奖赏。印度大诗人泰戈尔曾经写道："花的事业是甜蜜的，果的事业是珍贵

的，让我干叶的事业吧。因为叶总是谦逊地垂着她的绿荫的。"这美好的诗句，也是对教师宽广胸怀的真实写照。

（二）教育爱的巨大作用

爱是阳光，爱是雨露。爱，可以改变一切。来看下面一个案例：

25 年前，有位教社会学的美国大学教授，叫班上学生到巴尔的摩的贫民窟调查 200 名男孩的成长背景和生活环境，并对他们的未来发展作一评估。每个学生的结果都是："他毫无出头的机会。"

25 年后，另一位教授发现了这份研究。他叫学生继续做后续调查，看昔日这些男孩今天是何状况。结果根据调查，除了 20 名男孩搬离或过世，剩下的 180 名中有 176 名成就非凡，其中担任律师、医生或商人的比比皆是。

这位教授在惊讶之余，决定深入调查此事。他拜访了当年曾受评估的年轻人，跟他们请教同一个问题："你今日成功的最大因素是什么？"结果他们都不约而同地回答："因为我遇到了一位好老师。"

这位老师仍然健在，虽然年迈但仍然耳聪目明。教授找到她后，问她到底有何绝招，能让这些在贫民窟长大的孩子出人头地？这位老太太眼中闪着慈祥的光芒，微笑着回答："其实也没什么，我爱这些孩子。"

1. 爱可以为学生健康成长创造良好的情境

教育心理学上有一个著名的实验，生动有力地证明了这一点：1968 年，美国心理学家罗森塔尔和雅各布森来到一所小学，提出要对学生进行"发展预测"，得到了学校的同意和支持。经过一段时间以后，他们郑重地向教师们提交了一份"具有最佳发展前途"的学生名单，并要求教师们保密。实际上，这份名单并没有什么特殊的科学依据，完全是由他们随意确定的，其中甚至包括了一些已被老师厌弃的学生。8 个月以后，他们俩重新来到这所学校，发现凡被列入名单的学生，智力都获得了较快的发展，而且活泼开朗，求知欲旺盛，对老师感情深厚。

造成这一结果的原因究竟是什么呢？实际上只是由于两位心理学家利用自己的"权威性谎言"调动了教师们对那一部分学生的特殊感情，从而为这些学生的成长提供了较好的客观条件。这就是著名的"罗森塔尔效

应"。它说明，教师的爱，对于学生的成长来说是最为可贵的阳光和雨露。

2. 爱可以在师生之间架起畅通的桥梁

教育，并不是一个教师简单生硬地把知识和真理灌输给学生的过程，而是一个师生在精神上相互作用、相互交流的过程。只有当师生之间关系融洽、气氛和谐、渠道畅通的时候，一切教育活动才能取得较好的成效。如果师生之间互相对立、矛盾重重、沟通渠道堵塞，教育就非遭到失败不可。因此，一个好教师必须善于用真诚的爱去开辟通向学生成功的道路，架起连接师生心灵的桥梁。

为了沟通师生关系，一些教师长期以来所推崇的手段是"权威效应"。他们不懂得、也不愿意与学生平等相处，却一味迷信那种"我说你听，我打你通，我提要求你服从"的教育方法。有些老师就这样对实习生"传经送宝"："现在的中学生呐，调皮得很，千万不要跟他们嬉皮笑脸。一见面，你们就要拿出点威严来，不然以后他们就不会听你的。"

其实，教师威信的确立，必须基于对学生真诚的爱。只有从爱学生出发，坚持以自身的情感去引发学生的情感，教师才能走进学生的心灵世界。一篇题为《一串泪珠的故事》的文章，记述了一件十分感人的"小事"：

一位教师领着几名三年级小学生排练话剧，他本人演"爸爸"，一名学生演知道认错的"儿子"。但这名学生从小失去了父亲，从未体验过父爱，脾气倔强，演到认错时本应当抱住"爸爸"痛哭，可他却总是流不出眼泪来。一次，他们在老师宿舍里排练。当老师出去给学生买食品时，这个学生出于好奇，拆坏了桌上的一只闹钟，心情非常紧张，惊恐地等待着受训和挨罚。可老师回来问清了缘由后，却撕下一大块鸡肉塞给他，并说："你的钻研精神很好。这是给你的奖赏，未来的科学家！"这充满着宽容、爱心和期望的亲切态度和话语，使那个学生顿时觉得心头热流涌动。第二天演出时，他刚说完"爸爸，我错了"这句台词，一串泪珠就禁不住夺眶而出。"爸爸"的心情也很激动，紧紧抱住了"儿子"。台下响起了经久不息的掌声。

这个例子生动地说明，爱是教育的最高权威，是师生之间最牢固的连

接点，是开启学生心灵之门的钥匙。教师只有掌握了这把钥匙，教育渠道才会畅通无阻。

3. 爱可以转化为学生学习和进步的内在动因

教育的目的，是使学生在德智体美等方面得到健康、全面、和谐的发展。为此，就必须充分调动学生学习和进步的内在动力，包括自尊感、求知欲、意志力等。这里一方面需要开发学生的主体性，调动学生学习的内因；另一方面，要求教师怀有对学生的爱。缺乏爱的具体方法，是没有灵魂的、形式主义的方法，在实践中是难以真正发挥作用的。正如英国思想家罗素所说的："凡是教师缺乏爱的地方，无论品格还是智慧都不能充分地或自由地发展。"教师的爱对于学生来说是一种无处不在的"催化剂"，它时时激发着学生内在的活力，不断转化为学生自身成长和进步的动力。

"亲其师，信其道"。在向学生传授知识的过程中，常常会出现这样的情况：任课教师如果在感情上同学生非常亲近，学生就会因为喜欢这位老师而随之对他所教的课程越来越产生兴趣，学习成绩也就会越来越好。与此相反，有些教师在教学过程中缺乏感情，冷若冰霜，甚至态度粗暴，学生对他所教的课程逐渐产生厌烦、抵触情绪，学习积极性和学习成绩也就越来越下降。

由此可见，教师在任何情况下都不应当只限于机械地向学生灌输知识，而应当始终带着对学生的爱来开展各种教学活动。正如苏霍姆林斯基所说的："在什么条件下知识才能触动学生个人的精神世界，才能成为一个人所珍视的智力财富和道德财富呢？只有在这样的条件下——用形象的话来说，就是在知识的活的身体里要有情感的血液在畅流。"

二、爱的艺术

热爱学生并不是一件容易的事，让学生体会到教师的爱就更困难。某市教委在教师中随机调查，问"您热爱学生吗?"90%以上的教师都回答"是"。而当转而对他们所教的学生问"你体会到老师对你的爱了吗?"时，回答"体会到"的学生仅占10%！

这是一个令人深思的问题，为什么会出现这么大的反差？我们认为，

重要的一个原因就是教师缺乏合适的表达情感的技巧。

在中国，"师道尊严"的传统使很多教师认为"严是爱，宽是害"，即使是真正希望表达对学生的热爱、欣赏时，我们也往往是板起面孔的。这样就使我们的情感表达失去了表象，学生无从接受。学生，尤其是低年级的学生，非常在意老师的表面上的情感表达，如果教师缺乏表达技巧，教育仁慈的原则就无法实现。

德国教育家第斯多惠说："教学艺术的本质不在于传授的本领，而在于唤醒、激励、鼓舞。"有些老师不一定有多么专深的学问，口才也平平，但他们对学生从来不吝啬表扬和鼓励，而且这些表扬都是很动情的，有鼓舞性的。他们待学生发自内心的真诚，像是对自己的孩子一样没有一点装腔作势，没有一点居高临下，完全敞开心扉，表里如一，学生自然也就容易领悟到老师的爱，享受教师的爱。来看一则案例：

我在太行山的一所小学听课，有位教师的口头禅是："假如你们不好好学习，将来就可能犯罪，犯了罪就要进监狱，监狱的大门向你们开着呢。"学生们互相开玩笑也学着老师的样子说："小心点儿，监狱的大门向你们开着呢！"我听了不由一震，怎么可以用这种消极假设来教育学生呢？而教师却轻描淡写地说："这只不过是个假设嘛。"

那位教师的假设很像是"蝴蝶理论"：失去了一个钉子，坏了一只铁蹄；坏了一只铁蹄，折了一匹战马；折了一匹战马，伤了一个骑士；伤了一个骑士，输了一场战斗；输了一场战斗，亡了一个国家。按这种推论，蝴蝶翅膀扇起风，会引起多米诺骨牌效应，最后的力量是摧枯拉朽的。这种见微知著的理论在经营中是可取的，用在教书育人上则未免牵强。孩子终归是孩子，他们犯点小错误是难免的，改了就好，怎么可以抓住不放，用"蝴蝶理论"推导出一个阴森恐怖的监狱大门呢？

第一章　教育需要创新

第四节　教育的个性化

在谈教育个性化之前，我们先来谈一个沉重话题：我国是一个拥有几千年文明历史的国家，但迄今为止我们一直与诺贝尔奖无缘。一年一度的诺贝尔奖颁奖，国人总感到难以面对，总觉得有几分愧色。60 多年来，我们没有培养出一个像钱学森这样的科学家，像鲁迅这样的文学家，像陶行知、黄炎培、陈鹤琴、晏阳初这样的大师级的教育家，为什么？原因肯定是多方面的，但其中一个重要原因就在于我们的教育模式，这个模式概而言之，三句话：

一是"批量化生产"。大工业化的批量生产在我们的教育中表现得非常突出，现在，一个学校动辄四五千、六七千学生，就是上万学生的"巨型学校"也不鲜见；一个班六七十、七八十个学生已经是司空见惯。就连硕士生、博士生都在批量生产。

二是"方阵式教育"。过于整齐划一、缺乏弹性。一个个班级就好比部队阅兵时一个个方阵，谁也不能走快，谁也不能走慢。有人说，你这话不对，学生学有余力可以跳级，学习跟不上可以留级。话虽这样说，但事实上有几个学生跳了级？留级也一样不容易，因为留级有指标限制，不是你想留就可以留的。这样，在我们的班级里面，往往会出现一个比较普遍的现象：成绩好的学生没事干，成绩差的学生急得哭。

三是"求全责备，求同去异，截长补短"。在很多人的观念中，"全面发展"就是"全科发展"，就是门门课要达到80、90 分以上。一个学生即

使他在某个学科上有特长、有优势，他也不能花太多的时间和精力去"伸展"他的长项，他必须"忍痛割爱"而"移情"其他学科，把大量的时间和精力花在"补短"上。其结果很可能是，长的被截掉了，而短的呢，又未必能够补得起来。最后是哪门课都知道一些，但哪门课都知之不深，冒尖人才始终不得出现。

目前总分"一刀切"制度过分注重公平，忽视了学生个性、特长的显露。所谓特长生往往由于某一门功课特别好，而总分平平，被堵在大学门外。社会的发展，科技的进步，靠的是不断在各个领域打破常规，发现新知。有特长的人比各个学科平均用力、知识结构平均化的人更易取得特长领域的突破，这应该说是一个不争的事实。可以这样讲，现有教育模式不改变，一流的人才就难以脱颖而出。

一、在各门课程达标的前提下发展特长

拿数学来讲，现在中学的数学内容很深，一定程度上说，我们是以培养数学家的标准去要求每一个学生的。事实上，对许多工种来讲，只要求具备一些基本的数学知识就够了，学生所学的许多东西日后根本就用不上。前苏联数理科学博士、教授波斯特夫尼科针对前苏联学校中数学课占了全部教学计划 1/5 分量的现象，主张减少数学课的教学内容和课时。有人不理解，向他提出质疑。他提了两个反问："在不是专搞数学的人当中，有谁在他的日常生活中哪怕使用过一次三角形的内角定理？哪怕解过一回二次方程？"他说，生活中需要多少数学，就应该占用儿童多少学习时间，既不要太少，也不要太多。确实，如果在一些学科上降低难度，只要求他达到一个基本的要求，然后他可以偏点科，着力去发展他的优势学科，还愁特殊人才不冒尖？中国有句俗话说，是锥子总会出头的。但如果你把它装进一个铁皮盒子里，它恐怕就出不了头。我们要给它们创造一个宽松的环境，把它们放进布袋子，它们才会冒尖，才会一个个脱颖而出。人的成长也是同样的道理。

二、建立一种鼓励学生发展特长的考试机制

很多学生不是没有特长，而是不敢去发展他的特长。因为，一旦费时费力去发展特长，很可能就会顾此失彼，导致某些学科成绩下降。而一旦在高考中有那么一两门学科拖了后腿，就会全盘皆输。谁敢拿自己的前途甚至命运去开玩笑？

为解决这一问题，防止埋没人才，是否可以采取艺术、体育类专业招生的办法，比如，将数学成绩只作为参考，或降低文化课考分的要求。这样，学生有这个分数做基础，即使其他学科考分低一些，他也不用担心名落孙山，而可以把很多时间和精力用到他的特长上。从理论上讲，这是可行的，我们对艺术、体育类的特长生可以这样招，其他学科的特长生为什么就不可以？难道其他学科上有特长的学生就不是特长生？

当然，在具体操作过程中，可能会出现一些人情因素，但我们不能因噎废食。超市的小偷比柜台百货店更多，但不能因此不开超市。在实行的过程中，有关方面要提高政策水平，从为国选才的高度来看待自己所从事的工作，科学管理，严格标准，客观公正，把好质量关。

三、建立一个开合灵活、进出自如的教育体系

我们现有的教育体系过于制度化，学生一旦在某一学习阶段因为某种原因中断了学业，日后他再要回到这个体系中的可能性几乎是零。法国一位农业专家在安徽省呆了一年多，他深有感触地说，中国竟有那么多的农村孩子不读书，不愿读书，也没有书读。确实，很多十四五岁读完初中不能继续升学的孩子，找工作还早，上高中又无门，便天天泡在"三室一厅"，许多青少年因此而失去了发展的机会，甚至被不良因素所引诱而误入歧途。美国、法国等国家的教育体系中，他们的学生可以随时出来，也可以随时进去，所以他们不存在"留级"、"失败"的概念。良好的教育体系应该是能够"使每一个人通过获得他所缺少的知识在任何时候都能'赶上去'。正如法国前教育部部长埃德加·富尔所说的："当教育一旦成为一个连续不断的过程时，人们对于成功与失败的看法也就不同了。如果一个

人在他一生的教育的过程中在一定年龄和一定阶段上失败了，他还会有别的机会，那么，他就再也不会终身被驱逐到失败的深渊中去了。"如果我们的教育体系是开放性的，学习制度是有弹性的，那么，就一定会有更多的人走出失败的阴影，走向成功的明天。

第一章 教育需要创新

第五节　教育的法制化

　　近年来，有关教育侵权及学生状告教师和学校的事屡见报端，而且可以肯定地说，更多的教育侵权事件还没有被披露。就已经披露的案例来看，多为教师败诉。面对判决，教师和学校总感到很委屈，觉得自己是一片好心，是为了学生好，是对家长负责，怎么"好心反被当作驴肝肺"呢？一些老师更是觉得：这还了得，今后学生还能管吗？

　　之所以有这样的认识，就在于传统观念中很少将学生视为具有独立个性和主体意识的人来看待，甚至根本就没有认识到学生还会有这个权那个权的。说到底，这是教育者滞后的学生观与学生主体意识日渐崛起之间的矛盾冲突的结果，也是学生权利法律制度规定与学生管理制度中不当因素撞击的结果。

一、不可不合法地使用权力

　　如何减少和避免教育侵权事件，从观念层面看，就是要正确认识中小学生的身份和法律地位，相应的，就是要正确看待教师主体性的问题。可以说，现在多数教师都存在着主体性发挥过度的现象，在一些教师看来，自己俨然就是主宰，就是真理的化身。

　　影响教师主体性发挥过度的主观因素大体有：

　　认识因素。不少教师将教育理解为"教训"、"制服"，认为学生无知，缺乏自控能力，不会管理自己，教育他们就要来个"下马威"，不然的话，

教师的尊严何在？

情感因素，尤其是职业道德感。教师在过分焦虑、心情不好、情绪不稳时，都可能出现有失分寸的行为。在职业道德方面，有两种较极端的情况：一种是责任感甚强，不切实际地严格要求学生，过分强调"严师出高徒"；一种是责任感不强，缺乏爱心，讨厌学生。

行为因素。不善于用适当的行为表达自己的思想和感情，如批评学生时语气过重，对学生的态度粗暴等。

教师应对照以上原因检讨自己的教育行为，要注意你的主体性的发挥不能以压抑学生主体意识为代价，否则，你只能培养出一代代缺乏主体意识的"顺民"、"奴仆"，于学生、于社会都是有害无益的。教师要有恰当的权力意识与合理运用权力的行为，"权力不仅相当于人的行动能力，而且相当于人一致行动的能力。权力从来不是个人的财产，它属于集团所有，并且只有当集团保持聚合的时候，它才继续存在下去。当我们说某人是'有权的'，实际上说的是他被一定数量的人们授权给他以他们的名义行事"。因此，教师在自己渴望正当权力时，应该想到学生对权利的需要；自己要行使权力，还要允许他人有否定自己不合法行使权力的权利；自己不合法地使用权力，就是剥夺别人的合法权利。

二、学生的权利神圣不可侵犯

教师不只是懂得所教学科的专业知识就够了，他们在熟练掌握专业知识的同时，还应该多学点教育学知识、心理学知识，包括教育法律知识。懂得法律中有关学生权利的规定，是科学地教育、管理学生的前提。

（一）受教育权

受教育权是公民的一项基本权利，这在《宪法》、《教育法》和《义务教育法》中都有明确规定。学生受教育权具体表现为就学的平等权、上课权和受教育的选择权等。从法律、权利的角度讲，保护受教育权是民主社会的基本特征，是社会文明程度的重要标志。

（二）人格尊严权

人格尊严权指学生依法享有他人尊重，保持良好形象及尊严的权利，

他人不得以诽谤、谩骂、体罚或变相体罚等形式损害他们的人格尊严。对学生人格尊严的蔑视实际上是一种"心罚"。

（三）身体健康权

教师要尊重学生的身体健康权，不得施行"体罚"或"变相体罚"。从当前实际情况看，"体罚"的现象正在逐步减少，但"变相体罚"却时有发生，比如，"劳动改造"，某学生违纪了，罚他打扫教室或"包干区"；罚学生当众做某一个动作；罚超量做作业；罚吃、喝东西，等等。

（四）表达自由权

《宪法》规定，公民依法享有言论表达自由的权利，学生自然也不例外。言论表达的方式不仅包括语言，而且包括发型、衣着等。当然，学生的言论表达自由并不是不受任何限制的，对于具有破坏性、危险性的言论表达，学校必须加以制止。判断学生的言论表达是否具有破坏性、危险性，主要是看其是否破坏了学校正常的教育教学秩序，影响了学生身心健康发展。比如，学生不可以染发、穿耳、留长发、穿奇装异服，但不能强行要求学生一律留什么样的发型如男生必须留平头、女生必须留短发等。

（五）人身自由权

人身自由权也称身体自由，是指公民在法律规定范围内，人身行动完全受自己支配，有不受非法拘禁、逮捕、搜查和侵害的权利，它是公民享受其他一切自由的基础和前提。在学校里，教师怀疑某生有偷窃行为，对其搜身或搜查其书包、罚站限制其自由等，都是侵犯人身自由权的。

（六）隐私权

隐私权指学生有权要求他人尊重自己私人的、不愿或不方便让他人获知或干涉、与公共利益无关的信息或生活领域的权利。这方面的问题也不鲜见，比如张榜公布学生的考试成绩；翻看学生的日记，并就其中的内容在全班对其讽刺讥笑。

按成绩安排学生座位，也是间接侵害学生隐私权的一种。有的是将学生按成绩好坏依次由前向后排，有的是中等成绩的学生坐前面，因为太前了，黑板会反光，成绩最好的学生坐第二、三排，成绩差的学生坐后面。有些学校，考试座位的安排也依据成绩。表扬优秀，给其他学生树立榜样

是应该的，但不能根据一次考试成绩就给学生贴上标签，而且这一做法的效果到底如何也很难说。有"愈挫愈奋"精神的孩子毕竟是少数，大排队的方法对少数孩子可能有激励作用，但伤害的却是大多数孩子的自尊心和进取心。

（七）通信自由权和通信秘密权

通信自由指公民通过书信、电话及其他通讯手段，根据自己的意愿进行通信，不受他人干涉的自由。具体指通信秘密受法律保护，他人不得扣押、隐匿、毁弃，公民通信、通话的内容他人不得私阅或窃听。

（八）财产权

学生的财产权应受到保护，教师不得随意收缴学生的财物，更不能收缴不还；不能公开或暗示学生、家长送财物；不能强制推销校服、运动服装，不能收取不合理费用等。另外，"以罚代管"也是不允许的。

北京市某校一学生家长收到学校发来的罚款通知："家长同志：您的孩子某某同学，于某月某日因某原因违反了学校学生管理规定第×条，给予罚款人民币贰佰圆的处理，特此通知。"学校也许有学校的理由，诸如罚款只是一种教育的辅助手段，目的决不在于钱，而是希望有违纪行为的学生能够从中受到触动，避免再次犯错。教育学者从教育、道德的角度分析，认为以罚款作为教育手段与我们的教育宗旨、教育原则不符，而且因为钱是父母的，学生体会不到挣钱的辛苦。从法律的角度讲，学校对违纪学生采用罚款措施是不合法的，它也是一种对私有财产权的间接侵害。

（九）获得公正评价的权利

学生的公正评价权是指学生在教育教学过程中，享有要求教师、学校对自己的学业成绩、道德品质等进行公正的评价，并客观真实地记录在学生成长档案中，在毕业时获得相应的学业成绩证明和毕业证书的权利。学业与道德品质评价与学生将来的升学、就业息息相关，甚至会对他们一生的成长产生影响。

在现实教育教学过程中，经常侵犯学生公正评价权的行为有：为升学、评奖之需，教师私自涂改某些学生的学业成绩记录和操行评语；在考试过程中营私舞弊，透露或泄漏考试内容，在阅卷过程中改分数、扭曲学

第一章 教育需要创新

生的真实成绩；依学生门第出身"嫌贫爱富"，歧视某些学生，等等。在现有的筛选型教育模式中，将此学生的成绩记录和品行评定不切实际地抬高，无形中就压制了彼学生的发展机会，这对后者来讲，是十分不公平的。说轻点，它是一种"教育腐败"，说重点，它是一种违法行为。

（十）申诉权和诉讼权

这项权利可简称为"维护自身权益的权利"或"申请法律救济的权利"。它是公民申诉权和诉讼权在学生身上的具体体现。学生对学校给予的处分不服可向有关部门提出申诉；对学校、教师侵犯其人身权、财产权等合法权益，有权提出申诉或依法提起诉讼。

讲到这里，很多老师都觉得，现今的教师不好当了，做什么事情都缩手缩脚。到了春天不敢组织春游，到了秋天不敢组织秋游；学生上体育课，单杠不安全，卸了，标枪不安全，收了，等等。这些过分谨慎可能是质量低劣的重要原因。在英国，一般认为教师应是"有理性的细心的父母"，不应是"过分谨慎的父母"。英国的判例法有一句常被引证的话："一个孩子扭伤自己的脖子，比让人扭曲了他的精神更好一些。"

学生有权利，也有义务，比如，要遵守法律、法规；要遵守学生行为规范，尊敬师长，养成良好的思想品德和行为习惯；要努力学习，完成规定的学习任务；要遵守所在学校或者其他教育机构的管理制度。相应的，学校为了完成其任务，也必须享有一定的权利，因为义务与权利从来都是"孪生兄弟"。如学校有权对学生实施教育教学活动，有权对学生进行学籍管理，实施激励或处分，等等。只是，我们在实施这些权利的时候，一定要依法行事。

第六节　教育的服务性

　　在传统观念中，教师"德配天地，位比君亲"，甚至强调"言而不称师，谓之畔（叛）；教而不称师，谓之倍（背）。倍畔之人，明君小内（纲），朝士大天遇诸涂不与言"。教育是一项崇高而神圣的事业，近乎是一种"圣职"。怎么转眼之间就"沦落"为服务行业了呢？那么，这个行业的从业人员与餐馆里端盘子的服务员有什么本质区别呢？

　　正当多数教育者还在困惑不解的时候，一些私立学校率先转变观念，提出"学生是上帝"、"家长是上帝"、"学生及其家长是我们的衣食父母"。确实让不少学生、家长感到了几分亲切，这个提法是否合适姑且不论，但它提出的本身足以说明私立学校率先具有了危机意识和服务意识。因为摆在他们面前的路只有两条：要么走向辉煌，要么走向死亡！

　　在公立学校，坦率地说，迄今为止这种服务意识还不强。因为，企业有破产之虞，学校还没听说过有破产的；聘任制给教师带来了一些风险，但更多的似乎还只是喊喊"狼来了"而已，事实上有几人"下课"？况且，边远落后地区的学校，教师本来就不够，"扩招"后教师更是"一个萝卜两个坑"，校长能"忍心"把谁开掉？校长就更是用不着担心风险了，虽说我学校质量是差了点，但本地"独此一家"，你不来此还能到哪去？就是把这所学校搞砸了，我还可以"易地为长"！可以这样说，一个行业当其从业人员感受不到生存竞争压力的时候，他们一般是不可能具有强烈的服务意识的。

这样，我们也就不难发现如此现象：

当学生表现"欠佳"时，教师动辄"请"家长，一个电话将学生家长"传唤"过来，连声数落着学生的不是，最后免不了还要"株连"家长，大声地质问几个"你是怎么做家长的"。直到家长认为自己的孩子简直就不是个东西，"养不教，父之过"，把孩子教得不是个东西，自己似乎也不是个东西，教师方肯以得胜者的姿态结束训话。

家长会上，几乎完全是跟学生上课一样的形式。家长们一个个端坐在自己孩子的座位上聆听着老师的"教诲"，几乎轮不到有家长讲话的机会。家长会本是"家校"双方共商育人大计的好机会，不想却一个一个地变了味，变成了成绩好的学生家长"露脸"、成绩差的学生家长受"煎熬"的场所。

对家长尚且如此，对学生就更谈不上有服务意识了。正因为没有服务意识，所以，居高临下者有之，讥笑挖苦者有之，辱骂体罚者有之。这方面的例子屡见不鲜，所以不用列举。在学生看来，真是"师为刀俎，我为鱼肉"，奈何？

可以说，教育工作者如果没有强烈的服务意识，那么，当今理论界竭力倡导的"教育人本化"、"教育人性化"等思想都将成为一句空话，实施新课程所需要的思想基础也将荡然无存。因此，我们认为，教育工作者尽快增强自己的服务意识是当前教育改革的重要内容。教师的工作对学生身心成长影响很大，如果教师在工作中态度冷漠、行为粗暴，这种教育培养下的学生，走向社会后，能指望他们"爱满天下"，有很强的服务精神？须知，"种瓜得瓜，种豆得豆"可是一个黄金律！

一、教师要换位思考，强化服务意识

我们每个人每天都在接受别人的服务，我们每天也在为别人服务，所谓"我为人人，人人为我"。当你走进那些"门难进，脸难看，事难办"的机关，你一定不会满意，甚至会大发感叹，数落、批评机关工作作风如何如何的不是。那么，作为教师，你是否想过，当家长把孩子送到学校，把自己的最爱托付给你，如果得到的服务是"短斤少两"的，是"假冒伪

劣"的，是态度粗暴的，是没有人情味的……家长会作何感想？

上海南洋模范中学原校长张茂昌先生曾以一句"我的 1850 个学生家长的爱子之心像我张茂昌的爱子之心是一样的"作为他治校的座右铭，虽然朴实无华，但却是服务精神迸发的源泉。现在，教育界呼唤"大楼、大师、大爱"，这个"大爱"从何而来？没有服务意识恐怕是不可能产生的。

二、要强化教师的服务意识，要"德治"也要"法治"

学校要通过多种形式的宣传、教育活动使教育工作者端正态度，转变观念。比如，组织"师德师风教育"，开展"塑造××（地区）教育新形象"、"塑造××（学校）教师新形象"的活动，而且这些活动要讲求形式，讲究方式，形式要活泼多样，方式要潜移默化，要藏而不露，要"润物细无声"。

但服务意识的养成仅靠提倡、号召、宣传、教育是不够的，还必须同时有一些规范的约束，以规矩成方圆。比如，将教师的师德师风和服务态度列入对教师工作绩效评估指标体系之中，占到一个合理的权重，甚至实行"一票否决"。

借鉴其他服务行业制定"十不准"之类的行为规范，学校也可以"约法三章"，用以约束、规范教师的职业行为。如不准随意"请"家长，不准盛气凌人地批评学生家长，不准辱骂、体罚学生。

需要强调的是，在筛选型教育模式中，在应试教育顽固存在的情况下，教师的工作压力、心理压力都很大。这就要求我们的社会、教育行政部门、校长要善待教师。当教师本身都得不到别人的善待，他们又如何能够心平气和地善待学生？

三、学校的设施、制度要体现教育服务的精神

教师工作室的设计要作相应的改进。有条件的话，可以将教师工作室隔为里外两间，外间作为接待室或谈话室。面积不一定要很大，但设计要科学，要体现人性化。这样，教师找学生谈话，可以单独进行，从而使学生的隐私和自尊心得到合适的保护。家长来到学校，也有个可以坐着说话

的地方。

建立对家长的"班级开放日"、"校园开放日"。学生进入学校后，家长无从了解他们在学校的表现，每当路过校门口，向里张望时，总觉得里面有几分神秘。我们能否每个学年搞一两次"校园开放日"，分年级或按照其他什么次序让家长们走进学校看一看。有条件的话，还可以借鉴一些国家"家长到校助课"的做法，家长哪天空闲，提早跟校方预约，到时候便如约而至，到学校里跟着自己孩子所在的班级，参与有关活动，协助老师做一些力所能及的事情。通过这种形式增强家校联系，增进家长对学校的了解。要人家支持你，首先要让人家了解你！目前，北大附中深圳南山分校实行"100%课堂向100%家长开放"，就是一个很好的措施。

四、改变供求关系，大力扩充优质教育资源

有些教育问题虽然表现在学校，但其根源却是在社会，也就是说"教育中的问题并不都是教育问题"。要增强教师的服务意识，"苦练内功"是必需的，但也得从外部环境上做做"文章"，那就是要解决市场供求关系问题，解决市场的资源配置问题。当一种商品供不应求的时候，它的从业人员是不可能有很强的服务意识的；只有当其供求平衡尤其是供过于求的时候，从业人员的服务意识才会油然而生。基于此，政府部门要继续做好"扩优"工程，扩充优质教育资源，改变优质教育资源过于短缺而带来的"卖方市场"意识。

有条件的话，在义务教育阶段可以实行"教育券"制度，这种制度最早始于美国，目前国内有个别县区也在实行，那就是把原本拨给学校的办学经费以"教育券"的形式发给学生，由学生"持券选校"。你学校办得好，教师服务态度好，学生就多了，你就可以凭所收到的教育券到教育行政部门兑换教育经费。否则，学生不选择你了，你学校就可能只有一条路——"闭门思过"。一旦通过"教育券"的形式改变供求关系，变"卖方市场"为"买方市场"，那么，学校、教师想不讲"服务"都不行！

第七节　教育的公平性

　　教师人格魅力的灵魂是一个"爱"字。爱事业，爱学生，爱所有的学生：聪明的，抑或是迟钝的；漂亮的，抑或是难看的；家庭富有的，抑或是贫寒的。爱就是一种教育，谁有爱心，谁就把握了教育的真谛。

　　"教育公平"的理念很早就有了，早在 2500 年前，孔子就倡导"有教无类"。17 世纪初，捷克教育家夸美纽斯有句名言："把一切知识教给一切人。"

　　有的学者提出："只有差别，没有差生！"关于有没有"差生"的问题，报章不时有些讨论。客观地说，其一，人的"智商"是有高有低的，这是不争的事实；其二，人的发展有快有慢，发展轨迹也各不相同，想来也是没有异议的。原来有人提出用"后进生"代替"差生"的称谓，后来又有人提出用"潜能生"称之，有些令人费解，"潜能"二字岂能误用、曲解？

　　今天，走进任何一个课堂，都可以发现"三个世界"的划分："第一世界"是为所有任课老师都喜爱的学生，他们每门课成绩都好，由于多数学校要按成绩排队并以此与老师的待遇挂钩，这一部分学生往往能够给老师带来"面子"，带来"票子"，所以备受老师喜爱。"第二世界"是为一部分老师喜爱的学生，他们不是每门课成绩都好，可能有几门课的成绩不太理想，但比上不足，比下有余，毕竟还有几门课成绩不错，受部分老师喜爱。"第三世界"是为所有的任课老师都不喜欢的学生，他们几乎每门

课都不好，甚至一整天都不会有老师看他一眼。

中国有句古话叫"三岁看大，七岁看老"，虽然有些道理，但也不是绝对准确。其实，人的发展是很难预料的。我们不难发现这么两种情况：一是有些孩子早慧，从小就很有气势，先声夺人。但是，这些孩子并不一定一辈子都闪闪发光，有的可能像流星一样一闪而过，像昙花一样"一现"而已，我们熟悉的成语有"江郎才尽"，还有王安石《伤仲永》笔下的仲永。另一个情况是有的人大器晚成，小的时候非常一般，没有任何过人的地方，但是随着年龄的增长，阅历的不断丰富，他一步步走向成功。像大家十分熟悉的爱迪生、爱因斯坦等，就是这样。爱因斯坦4岁才会讲话，上小学时成绩很差，上中学时仍未有大的改观，以至于他中学的教导主任给他写下"干什么都一样，反正一事无成"的评语，几乎给他判了"死刑"，但想不到他竟成了世界上最伟大的科学家！

从某种意义上说，教师的爱心、仁慈集中表现在对"问题学生"的态度上。这一点，苏霍姆林斯基有一个很好的阐述："要关怀人，就是说对待儿童犹如对待自己的儿子一样。儿童学习不好，落后；儿童难于像他的同班学生那样学习；儿童或少年犯了流氓行为——所有这些都是糟糕的事。如果是你的儿子遇到了这种糟糕的事，你会怎么办？不见得会提出开除、减品行分数之类的处理办法。当然理智会提醒父母，这些部分也是需要的，但你首先会提出极端必要的办法去挽救儿子，只用惩罚是不能救人的。"

对成绩差的学生，不能歧视，要认真分析他们的问题之所在，有针对性地加以指导。就像医生细心地研究病人的机体，通过"望、闻、问、切"找出病源，以便"对症下药"进行治疗一样，教师也应当仔细耐心地研究儿童的智力发展、情感发展和道德发展的情况，找出他们学习困难的原因，采取能够照顾个人特点和个别困难的教育措施。

医生是人道主义者。可是如果他竟对病人说：你的病是治不好的，你毫无希望了，你回去该吃吃一点，该玩玩一下。那他能够算是一个真正的人道主义者的医生吗？这样的医生就连一天也无法在医院里待下去！而在我们教师当中，有些人每天都在让儿童感觉到，甚至直接对儿童说，他是一个毫无希望的人。这是不能容许的。我们必须神圣地爱护自己的职业荣誉，高

高举起人道主义的旗帜。医生面对各种严重的病人，他也许比我们教师有更多的理由作出悲观的结论，但是他相信科学的巨大力量，相信病人本身的精神力量。教育的人道主义精神就在于，对于每一个学习困难的儿童，不管他已经被耽误到了什么程度，我们都应当让他在公民的、劳动的、精神的生活道路上站住脚，使他体验到一种人类最崇高的乐趣——认识的乐趣、智力劳动的乐趣、创造的乐趣，不要让他感到自己是一个不够格的人。

陶行知先生曾提倡："男教师要学做富兰克林的父亲，女教师要学做爱迪生的母亲。"他还说："教师应该谨记，你的教鞭下有瓦特，你的冷眼中有牛顿，你的讥笑中有爱迪生。"对任何学生都不轻言放弃，这便是教师的伟大之处。

下面是一位老师讲的故事，颇有些耐人寻味：

发生在1976年初冬的一件事深深地触动了我。那年，唐山大地震，震得人心不安。徐州城的人都住在用塑料薄膜搭的防震棚内。

初冬，天气已经很冷。突然有一天，过去的两个学生找上门来。一个说他是木匠，一个说他会瓦工，要给我搭一个能过冬的防震棚。说干就干，不消两天，一个坚固的防震棚搭好了。这是两个什么学生？都是所谓的顽劣学生！望着他们忙碌的身影，我内疚极了。我教他们的时候，给他们的爱最少，而他们长大之后，给我的爱却最多！

我的心被震撼了。这件事彻底改变了我的学生观、教育观。从那时起，我爱的天平开始向所谓差生倾斜。他们更需要老师的爱，就像虚弱的婴儿更需要母亲的精心哺育。十个手指有长短，为什么用一个标准来要求所有的学生呢？说来也怪，我这么一"倾斜"，这些学生跟我上个一年半载的，语文成绩居然都有所长进！是不是因为他们喜欢我，于是爱屋及乌，就喜欢我教的学科？

在今天世界范围的教育改革中，公平和质量是各国教育共同追求的两大主题。美国布什政府成立后的第一个工作日就推出了其教育改革的纲领性文件——《不让一个儿童落后》，从这个标题中我们不难看出它昭示的其教育改革的"消除差距、促进平等"的总目标。在美国联邦教育部大楼里，正面墙上就有一条标语"实现教育质量提高，促进教育机会均等"。

第八节　教育的可持续发展

教育创新与课堂优化设计

　　建设可持续发展校园，开展可持续发展教育，以实现学生的可持续发展，这既要对学生的今天发展负责，也要对学生的明天发展负责。培养人性是教育的最低标准。无论是讲究"人之初，性本恶"的中国古圣先贤，还是奉行"知识就是力量"的西方学者哲人，无不把培养高尚的人性作为教育的最低标准。他们认为，只有当人具备了高尚的人性并将其时刻实践于自己真诚的行动之后，知识才能成为人创造而不是毁灭美好世界的力量。前苏联伟大的教育家苏霍姆林斯基就指出："我们所创造的一切都是为人着想的。如果人不能给人以幸福，那么任何物质财富和精神财富也不会给人带来幸福。"

　　几十年来，我们十分重视思想教育、政治教育、道德教育，但另一方面，这些教育的效果怎么样？客观地说，喜忧参半！甚至有学者惊呼，国人的思想道德面貌已经滑到了一个"崩溃的边缘"，不要以为这只是危言耸听！为什么很重视思想道德教育但这种教育的效果不理想呢？我们认为，有三个问题没有解决好：

　　一是德育"育"什么。长期以来，德育内容有些"假、大、空"，讲起来激情澎湃，听起来热血沸腾，听完后一想根本就做不到，所以三天热情过去，归于平静。要知道，难以付诸行动的东西是没有生命力的。当年，墨家之学与儒学同为"显学"，但因为它要求太高，可望而不可即，"既刻苦了人生，又没有鼓舞着人生"，很快就失去了影响。从现实情况来

看，很多学生基本的道德品质都还没有到位，当一个人站都站不稳的时候，你向他提出跑的要求，是没有用的。

所以，今天看来，德育内容要回归基础，从最基本的品质抓起。中纪委原副书记李昌同志曾说，在现阶段，应该承认，在不损人的前提下的利己行为是合理合法合情的。不损人的利己就是一个基本的品质。此外，还有诚实守信、公平正直、勤奋刻苦、遵纪守法、同情宽容、自律反思、团结合作、服务奉献、珍惜生命、关怀他人、学会尊重、勇于负责，等等。

二是德育怎样"育"。我们总以为人是"教"会的，所以日日教、天天灌，其实，人是"教"会的，人又不完全是"教"会的。除了"教"之外，以下几个方面也都是非常重要的：（一）自我要"悟"。只有当学生经过了自己的"悟"，将教育者传授的政治思想品德规范自觉地转化为自身的内在品质，德育才会产生实效。（二）立足要"行"。德是表现在行为上的习惯。思想道德教育要加强实践环节，让学生在一定情境中去增强道德意识、道德情感，在内容鲜活、形式新颖的实践活动中养成优良的道德品质和行为习惯。（三）形式要"活"。教师要懂得如何与学生交流，形式要开放、互动，单纯的"口耳相传"是少有效果的。（四）方式要"隐"。这里讲的"隐"，是指"隐性"，也就是说，思想道德教育不要生硬地说教，而应采用间接、渗透的方式，将其融入管理之中，融入环境之中，融入教学之中，达到潜移默化、"润物细无声"的效果。

三是德育怎样评价。思想道德教育的评价同一般的学科考核评价不一样，有其特殊性，如果单用卷面考试的办法，就只能造成考试成绩一个个80分、90分，而实际上的品德修养并不同步的现象。因此，思想道德教育的评价要综合考虑学生道德认知、道德情感、道德意志、道德行为等各个方面。

美国学者提出孩子成为"社会人"有标准：

（一）至少有一个同龄的朋友，并且友谊至少维持6个月之久；

（二）在看不到有什么好处的情况下能够主动帮助别人；

（三）当他做了错事，造成了明显的不良后果，但未被人发现的时候，能够主动认错；

（四）别人做了对他不利的事时，能够原谅别人，不指责也不告状；

（五）对朋友或同伴的福利表示关心或者能够分享别人的幸福和快乐，如为别人生日、考试优秀、获奖等感到高兴，主动向别人祝贺。

一般来说，在上述 5 个标准中，6 岁以上儿童应至少符合 1 条；7 ~ 12 岁的孩子应至少符合 2 条；13 ~ 18 岁的孩子至少应符合 3 条，否则就是社会化不足。社会化不足，就是一定程度上的孤家寡人，不善于与人交往。这个标准不仅对未成年人适用，同样适用于成年人。

据报道，武汉市某初中一名教师邀请"尖子生"介绍经验时，遭到家长们的婉拒，理由是"现在的学生竞争这么激烈，不希望别人掌握自己孩子的'学习法宝'"。

看到这则消息，笔者联想到某大学附中一实验班，班上每周都要举行学习经验交流会，学生们将自己的"学习法宝"毫无保留地说出来，与大家一同分享。有了这种交流，学生们的关系融洽，学习兴致高涨。每年不到高考，这个班上总有超过一半的学生提前迈入名校大门。由此可见，学会分享、善于协作不仅是取得更大进步的好途径，也是在激烈竞争中取得成功的有效方法。

那些拒绝让自己的孩子把好经验与别的孩子分享的家长，是否把比分数更重要的东西忘了呢？这样教导孩子，即使孩子再优秀，也永远学不会融入集体，反而变得自私而狭隘，短视而功利。事实上，无论是学校还是家长，都不该忘记教育的功用。教育的终极目标是培养心智健康、人格健全的人，而不是只会考试、只认分数的机器。教孩子如何变得心胸豁达、乐于分享、善于协作、具备团队意识、富有责任感，为他们将来学会立足社会、成就事业打下良好基础，这些远比单纯的成绩重要得多。

西方有学者发现，有关行业的成功人士，当年他们上学时，成绩在班上并不是数一数二的，他们的成绩往往是在第 10 名左右。西方一般是"小班制"，一个班 30 个左右的学生，"第 10 名"并不特别冒尖。

美国学者对 3000 名中学毕业生进行跟踪调查，每 5 年回访 1 次，共回访了 12 次，也就是说，这项研究前后历时 60 年。最后得出这样的结论：学生在校成绩的好坏与其将来发展成就的大小之间没有必然的联系。

自"素质教育"提出后，我们一直在思考何谓"素质"？有些学校有几个学生会绘画，有几个学生爱好音乐，或者有几个学生会踢踢足球，因此就说"我们学校素质教育搞得好！""我们是什么什么的特色学校！"每逢上级行政部门来检查评估、兄弟学校来参观考察，总少不了要让这些学生出来露一手。其实，这都是对素质教育的误解，这样的学校充其量只是"在某些方面有特色"，而不一定是特色学校。况且，这些学生会那两下子，很大程度上是"家教"调教出来的，可我们很多学校总是"贪功"，掠人之美。

这些姑且不论，还是回到素质教育的话题上来。所谓素质，它应该是对人的发展具有普遍适用的能力。比如说，"坚韧不拔的毅力"这一条，就是人的素质，任何时候，遇到困难，它都可以起作用。你爱好足球，是素质吗？总不能说一碰到困难，就拿出足球来踢，踢着踢着困难就解决了。爱因斯坦曾经解释过"素质"，尽管彼素质非此素质，但是可以给我们一个思路的参考。他说，当人们把在学校里所学到的东西都忘记了以后，剩下的就是素质。

当前，我们在处理知识与能力的关系时，需要把握好两个方面的问题：

（一）昨天的知识与明天的事业的矛盾

课程是人类昨天知识的结晶，教材是人类昨天知识的载体。有哪门课程、哪本教材能够反映明天的知识？没有，也不可能有！

在社会缓慢发展时期，在人类过着悠闲生活的时候，这个矛盾不甚突出，但在社会急剧发展、变化的时代，这个矛盾就显得非常明显了。

我们的课程、教材、教学内容无法反映明天的知识，但至少要反映一些"今天"的东西，否则教育如何"面向未来"？一些中小学"早读"，就组织学生收看中央电视台的"东方时空"节目，有些学校每天给学生一道共同的家庭作业，那就是晚上收看中央电视台的"新闻联播"节目。除此之外，学校还可以通过校本课程的形式做好补充"今天"知识的工作。德国一位教育家说得好："过去以教材为世界，今天以世界为教材。"这不是绕口令，不是做文字游戏，而是教育理念的一个深刻变革。

第一章 教育需要创新

（二）基础教育的"基础"到底是什么

长期以来，我们理解的"基础"就是"双基"——"基础知识扎实，基本技能牢固"。今天看来，我们在保持"双基"的同时，还需要关心学生的学习能力和探究精神。何谓"能力"？有很多的界定，衡量能力的指标也很多，这里我们提出其中的两个方面：

1．问题意识

美国当代知名的教育专家尼尔·普斯特曼说，学生"进入学校时像个问号，而离开学校时像个句号"，这是学校教育的悲哀。多少年来，我们衡量教育成功的标准是什么？是将有问题的学生教得没有问题了，教得"全都懂了"，而且是符合标准答案的"懂了"。所以中国的学生年龄越大，年级越高，问题越少。中国人讲了几千年的"做学问"，其实，我们很少做学问，做得最淋漓尽致的倒是"学答"，怎么样回答得跟"标准答案"一样，越是一样，便越是可以拿高分。

一位老师在幼儿园的黑板上画了一个圆圈，问："小朋友们，你们想象一下，这个圆圈像什么？"两分钟内，小朋友们说出了 22 个不同的答案。有的说像太阳，有的说像圆圆的月亮，有的说像老师的大眼睛……

同样的实验到大学一年级去做，两分钟过去了，竟然没有一个同学发言。老师没有办法，只好点名请班长带头发言。班长慢吞吞地站起来迟疑地说："这……大概是个零吧？"

没有受过教育的小朋友两分钟内说出了 22 种不同的答案，而一路过关斩将闯进大学之门的学子面对如此简单的一个问题，两分钟过去了却无人回答，被迫回答的班长还"大概是个零吧"。难道大学生们真的全都失去了想象力吗？显然不是！问题就在于，经过多年教育，他们建立了一个信念：老师的任何问题都是有标准答案的，面对这样一个突如其来的问题，他们揣摩不出老师的标准答案是什么，所以就不敢贸然回答，不愿当众出丑。可见"标准答案"对人头脑的束缚有多厉害！

而在美国，衡量教育成功的标准是将没有问题的学生教得有问题了，如果学生提出的问题教师都回答不了了，那就是教育的成功。所以，美国的学生年龄越大、年级越高，越富有创意，越会突发奇想。

教育创新与课堂优化设计

按照现代科学教育观，作为结果的知识是不断发展更新的，发现真理、探求结果的方法才是更重要的。知识本身并不是教育的目的，而是建立科学方法的工具和手段。因此，现代教育观更关心的是怎样使传授知识的过程成为掌握科学学习方法、开发学生智慧的过程。可以用以下三点概括其思想：

（1）学会学习比接受知识更重要。

（2）学会学习最重要的是学会提出问题。不会提问就意味着不会创新，任何创造、创新、发明都是从发现问题开始的。没有问题就是最大的问题！

（3）鼓励学生提出问题就要容忍，甚至鼓励学生提出错误的问题。科学发现的过程就是一个不断尝试错误的过程。

2. 思维方式

人都有"思维定势"，或多或少而已。所以，在教育教学工作中，要重视训练学生的思维能力，要放活思维进行的方向。像思维的发散性，善于从多种途径、多种可能、多种手段、多种用途、多个侧面去思考问题，不要"一条道走到黑"；思维的转向性，即在思维受阻、百思不得其解时，能果断地调换方向，另找思路，而不是死钻牛角尖；思维的求异性，善于在类同中发现差异，善于标新立异、独树一帜。

美国一所学校，很重视训练学生的思维能力。每当新生进校，都要给学生上一堂课，问学生铅笔有什么用。初听到这个问题，你可能不以为然：这么简单的问题还值得问？铅笔不就是写字用的吗！这么简单的题目能训练学生什么思维？简直太"小儿科"了！

铅笔可以写字，这谁都知道，其实这里要问的是，铅笔除了写字之外，还有其他什么用途？我们能不能说出它10种、20种乃至50种别的用途来？训练学生思维能力的简便方法之一，就是随便拿一个东西，让学生说出它尽可能多的用途，哪怕他东拉西扯，哪怕他牵强附会，一东拉一西扯，思维马上就活了。比如说，铅笔可以当作尺子用；可以作为礼物送给别人表示友好；铅笔的木屑刨下来之后，可以用来作装饰画；铅笔的铅磨成粉可以作润滑剂；演出的时候没有带化妆品，可以拿铅笔画两条眉毛，

临时代替化妆品用；一枝铅笔按照相等的等份锯成若干份，可以做一副中国象棋；你觉得太小了不好下，可以把里面的铅芯抽出来，用来做小玩具车的一个个小轮子；野外考察时，没有水喝，只有石缝里滴滴答答的几滴水，你可以把一枝铅笔的铅芯抽出来，把它当作吸管用……

第二章　课堂优化设计概述

千里之行始于足下，课堂教学是实施素质教育的主渠道。"最优化"向教师指出了费力较少而又能达到较高教育教学的效果的捷径。它使教师从许多习以为常但效益很少的行动中解放出来，使他们避免尝试错误，返工重教，或者由于教学方法不完善而浪费很多时间。教师要真正把素质教育的任务落实到课堂教学中去，首先应从优化课堂教学做起。本章就教师如何以素质教育的现代教学思想来优化课堂教学设计作总体讨论。

第一节　优化教学的六个转变

按照现代教育思想要求，教师在优化课堂教学设计中，教学观念上应做到以下六个转变。

一、教学目标——由以传授知识为中心向以发展为中心转变

所谓以发展为中心就是立足于人的本性教育，教学着眼于开发学生身心潜能，在学生掌握知识同时，形成现代人的思想，掌握现代人的本领，使学生的人格、能力、智力、非智力个性等都得到和谐全面的发展。

传统教学和"应试教学"的教学观念，往往是以传授知识为中心。显然这不符合素质教育的现代教育思想的要求。按照现代教育思想的要求，教师在优化课堂教学设计中，应以学生的发展为中心。为什么要由以传授知识为中心向发展为中心转变呢？

首先是由教学过程的本质决定的。我们知道，学生不是一个待灌的瓶，而是一个活生生、有思想、有自主能力的人。学生在教学过程中学习，既可学习掌握知识，又可得到情操的陶冶，智力的开发、能力的培养，同时又可形成良好的个性和健全的人格。所以从这个意义上讲，教学过程既是学生掌握知识的过程，又是一个身心发展、潜能开发的过程。

其次是时代的客观要求。21世纪已经到来，市场经济的发展、科技竞争已经给教育提出了新的问题。教育不再是仅仅为了追求一张文凭，而是为了使人的潜能得到充分发挥，使人的个性得到自由和谐的发展；教育不

再是仅仅为了适应就业的需要，教育要贯彻学习者整个一生。终身教育已成为教育发展的必然趋势。而中小学的基础教育要为学生的终身学习、为人的潜能开发、为人的发展打好基础，简而言之为学生一辈子负责，让他们终生受益。从这个意义上说，教学的目标设计也应由传授知识为中心向发展为中心转变。

要实现这个转变，教师在教学设计中就要处理好知识与能力的关系、知识与品德的关系、智力与非智力的关系等。

二、信息交流——由单向信息交流向多向信息交流转变

从信息论上说，课堂教学是由师生共同组成的一个信息传递的动态过程。而由于教师采用的教学方法不同，存在以下四种主要信息交流方式：

（一）以讲授法为主的单向信息交流方式；

（二）以谈话法为主的双向交流方式；

（三）以讨论法为主的三向交流方式；

（四）以探究—研讨法为主的多向交流方式。

以上哪种教学信息交流方式最好呢？按照最优化的教学过程必定是信息量流通的最佳过程的道理，显而易见，后两种的教学方法所形成的信息交流方式最好，尤其是第四种多向交流方式为最佳。魏书生老师的六步教学法就是属于多向信息交流方式。这种方法把学生个体自我反馈、学生群体间的信息交流，与师生间的信息反馈、交流，及时普遍联系起来，形成了多层次、多通道、多方面的立体信息交流网络。显然这就会大大提高教学效果，更有助于培养学生的各种能力。

所以，教师在优化课堂教学设计中，应尽可能由单向的信息交流教学模式向多向信息交流教学模式转变。

三、教学关系——由"以教定学"向"以学定教"转变

教师牵着学生走，学生围绕教师转，这是以教定学，让学生配合和适应教师的教，长此以往，学生习惯被动学习，学习的主动性也渐渐丧失。按现代教学观要求就是要把"以教定学"，转变为"以学定教"。教服务于

"学"，实现教与学的最佳结合。以教导学，以教促学，从而确立学生学习的主体地位和还学生学习的主人地位。

为了实现从"以教定学"向"以学定教"的转变，教师在优化课堂教学设计中要做好这样几件事：

（一）保证学生在课堂上有充分的时间参与训练，并且尽可能让全体学生参与教学活动，使学生人人动脑、动口、动手。

（二）要让学生主动去探寻知识规律，在教师的引导、启发、点拨下悟出道理，得出结论。

（三）鼓励学生独立思考，敢于和善于质疑问难，自求解答。

要达到以上目的，教师在教学设计中要考虑怎样才能发扬民主，强化训练意识，在具体教学环节安排上，少一些讲解、分析问题，多一些引导、点拨和指导，要改变那种牵着学生走的状况。

四、认识活动——由重结果向重教学过程转变

所谓重结果就是教师在教学中，只重视知识的结论教学的结果，忽略知识的来龙去脉，有意无意压缩了学生对新知识学习的思维过程，而让学生去重点背诵"标准答案"。所谓重过程就是教师在教学中把教学的重点放在教学过程，放在揭示知识形成的规律上，让学生通过感知——概括——应用的思维过程去发现真理，掌握规律。这是学生既掌握知识的过程，又是发展能力的过程。

由此看出，过程远比结果更重要。没有过程的结果是无源之水、无本之木。学生对知识的概念、法则、定理、规律的掌握不是通过自己思维过程获得的，那只能是死记硬背和生搬硬套的机械学习。

我们知道，学生的学习活动往往经历"（具体）感知——（抽象）概括——（实际）应用"的认识过程。在这个过程中有两次飞跃：第一次飞跃是由"感知——概括"，就是说学生的认识活动要在具体感知基础上，通过抽象概括，从而得出知识的结论；第二次飞跃是由"概括——应用"这是把掌握的知识结论应用于实际的过程。显然，只有学生在学习过程，真正实现了这两次飞跃，教学目标才能实现。

　　这样看来，过程是不可省略的。压缩或省略学生思维过程，直接让他们去得出结论背答案的做法是舍本求末，也是十分有害的。

　　如有的教师在教学中忽视教学知识的发生过程。从感知到概括的过程削弱，甚至取消某项思维过程，急于得出教学结论，使学生一知半解，似懂非懂，造成"感知——概括"上的思维断层。这种"欲速则不达"的做法又怎能保证教学的质量。另外，学生从"概括——应用"这个基本环节也是需要一个反复多次、循序渐进的思维训练过程。这也是不可省略的。但有的教师喜欢对概括后的结论马上应用，甚至让学生一开始就做变式题，这同样会造成学生思维的断层，出现严重"消化不良"和加重学生学习负担的后果。

　　重视过程就是要求教师在教学设计中揭示知识的发生过程，暴露知识的思维过程。从而使学生在教学过程中思维得到训练，既长知识，又增才干。

五、师生关系——由居高临下互不信任向平等融洽和谐转变

　　传统教学，教师对学生是处于"我教你学"、"我讲你听"的至高无上的地位，学生完全处于任老师摆布和灌输的地位，这是不平等的。加之激烈的升学竞争，导致师生矛盾加剧，乃至情感对立。教育创新要求缩短师生之间的距离、建立平等和谐的新型师生关系。

　　众所周知，教学过程中最活跃的是师生之间的关系。教师学生都是有情感、有思维的教学统一体，教学中既要充分尊重学生的人格，同时，又要尊重教师的教学工作。师生在教学中情感交融、气氛和谐，进而达到师生情感共鸣。情感将会滋润认识活动，它像润滑剂那样会使机器加快运转速度。教师在优化教学设计中要充分考虑如何建立相互尊重信任、平等和谐的新型师生关系问题。

六、教学效率——由高耗费低效率向高效率低耗费转变

　　目前，我们的课堂教学还存在着低效率高耗费现象。仅从课堂教学设计上看，有以下问题：教学内容要求上的面面俱到；教学环节安排上的松

松垮垮；教学方法选择上的单一枯燥；练习设计上的重复性劳动；教学用具使用上的多而乱；教学语言运用上的啰啰唆唆；教学板书设计的多而杂，等等。显然，这些与现代教育思想的要求，尤其是按照减轻负担，提高质量的要求是很不相适应的。为此教师在优化课堂教学设计时要有效率观念。

为了提高课堂教学的效率，教师在优化课堂教学设计时，在保证完成最佳教学效果的前提下，应尽可能做到以下几点：

（一）尽可能"耗费最少的必要时间"；

（二）尽可能"耗费最少的必要精力"；

（三）尽可能"耗费最少的必要经费"。

第二节 优化教学设计的过程

教学过程，是在教师有目的、有计划的指导下，学生的一种特殊认识过程；是学生身心发展并形成一定的思想品质的过程。教师、学生、教材、教学方法与手段，教学环境是构成教学过程的五个基本要素。一切教学活动都是围绕着这五个要素展开的，并形成一定的关系。

从教学过程五要素关系看，教师是教学活动的设计者、组织者和指导者，在教学过程中起主导作用。学生是受教育者，是认识和发展的主体，是学习的主人。教学内容是认识的客体。教学手段和方法是媒体。教学环境是指教学过程中人际交往的心理环境，它是由融洽、民主的师生关系和团结友爱、积极进取的集体舆论组成的。它像"力场"、"电场"、"磁场"一样是一种客观存在，是一个激励场。我们平时说的"班风"、"校风"、"学风"就类似这一要素。过去我们对教学环境这个因素研究不够。在实施素质教育的今天，必须注意研究这个问题。

从上可以看出，教学过程中的五个要素有不同的地位和作用。它们的相互关系形成了教与学的各种矛盾和规律。我们教育工作者的责任就是在于不断地去探索教学过程中的各种规律，从而实现"短时、高效、省力、低耗"的最优化教学。

教学过程的最优化是由前苏联教育家巴班斯基提出来的。巴班斯基认为，教学过程最优化实际上是指教师有效地组织教学活动的理论体系和工作体系，教师通过对教学系统的分析和综合，通过对最优化教学方案的选择和安排，争取在现有条件下用最少的时间和精力去获得最大可能的结果，这就是教学过程最优化。

巴班斯基还提出了如下四条最优化的标准：

（一）在获得知识，形成技能、技巧以及某种个性特征方面，在提高品德修养方面，取得最大的可能效果；

（二）师生为取得一定效果只耗费最少的必要时间；

（三）师生在规定时间内，为了达到一定的效果只耗费最少的必要精力；

（四）在规定时间内达到一定效果只花费最少的经费。

显然，巴班斯基提出的最优化标准是相对的，因为没有也不可能有永恒不变的最优化标准。通常是教师在工作开始时，就应确定，在他的现有条件下，达到什么效果，耗费多少时间和精力可认为是最优化的。

通过上面分析可以看到，教学的一切任务都要靠教学过程来完成。那么，要想实现巴班斯基所提出来的"短时、高效、省力、低耗"的最优教学效果，要想把素质教育的任务落到实处，最关键的问题是优化教学过程，只有教师在组织教学过程中，对各种教学活动实现了最优化，这才有可能达到最优化的教学效果，才有可能实现素质教育的目标。

要实现教学过程的最优化，关键是教师要在备课过程中优化课堂教学设计，只有教师设计出最优化的教学方案来，才有可能取得最优化的课堂教学效果，才能实现素质教育的目标。正如巴班斯基所说："最优化不是某种特别的教学方法或方式，而是教师在教学规律和原则基础上，有针对性地安排教学教育过程，自觉地、科学地选择具体条件下课堂教学和整个教学过程的最好方案。"

那么，怎样优化课堂教学设计呢？首先要优化教学思想，如上文所提的转变六个观念，再次要优化备课信息，能够吃透教材、学习大纲，利用教学资料，再次分析班级状况、了解学生个体，依教材学生实际编制教学目标。具体如下：

1. 优化结构设计（导入——新授——练习——小结——作业）；

2. 优化方法选择（面向实际，超凡脱俗，灵活多样，常教常新）；

3. 优化手段筹划（语言、情境、提问、板书、讨论、教具、学具、电化教学）；

4. 优化组织管理（师生平等、民主和谐、教学组织多样化，形成学习常规）。

第三节　优化备课在教学中的重要性

备课是教师课前所做的准备工作。它是教师刻苦、认真、充分地钻研教材、学习大纲和了解学生，弄懂弄通为什么教，教什么，学生怎样学，教师怎么教，并在此基础上创造性设计出目的明确、方法适当的教学方案。如果说整个教学过程是一项工程的话，备课就是打基础的工程。备课这个基础打得是否牢固，直接影响上课、批改、辅导等其他各项工程是否能顺利进行，也决定着整个工程的质量，也是能不能设计出最优化教学方案、能不能实现教学过程最优化的关键所在。

特级教师斯霞说："要上好课，首先要备好课，我常常把备课比作指挥员在组织'战役'，我总是反复思考反复推敲，直到自己认为比较满意的设计方案为止。备课是一项极其细致复杂的脑力劳动，容不得半点马虎，只有踏踏实实，认认真真地备好课，才能取得应有的教学效果。"特级教师张子锷说："我教中学物理50年了，同教3个班，课已讲了150遍了。但是到最后一遍，不备课我还是不敢上课。"这两位老师从自己教学实践的切身体验中充分地证明：教师要上好课，就必须要认真备好课。此外，从当前克服应试教育的弊端，减轻学生负担，深化教学改革上来看，也必须要认真抓备课，优化课堂教学设计。这是让教学形成良性循环的需要。

作业如山，题海茫茫，教师厌教，学生厌学。这种应试教育给教育带来很大的危害，给师生带来沉重的负担。那么，既要减轻负担，又要提高

质量，出路在哪里呢？加强备课环节，优化课堂教学设计，使教学活动形成良性循环是重要措施之一。

在应试教育的模式下，老师的工作重心常常本末倒置。他们没有更多时间和精力用于认真备课，而是把主要精力和时间放在做批改、课外辅导和应付频繁的考试上。这就造成了恶性循环：教师备课时间少就可能备不好课，进而造成课堂教学效率低下。课堂教学效率一低，会造成课堂上的损失，为了挽救损失，教师就要通过多留作业、频繁考试和课外辅导去弥补。这样学生由课堂欠下的"债"要到课外去补还。这就加重了学生的课业负担。而教师也要陷入出题、阅卷、辅导的泥坑，难以自拔。由于教师又不能腾出时间更好地备课，这又会造成下一次课的如此结果的重复。这样师生负担的"旧债"未清，又添"新债"。如此往复就是恶性循环。

由此看来，磨刀不误砍柴工。落实素质教育，提高教学质量，着眼点就应放在备课、优化课堂教学设计上。这是搞好教学工作的"本"。不管东南西北风，一本教案十年经，不管人家怎么改，我行我素自我中。当前我们课堂教学整体水平不高，这与备课质量差、不能优化课堂教学设计是有密切联系的。所以只有认真抓备课，使教学活动形成了良性循环，提高教学质量，减轻学生负担的最优化教学才能实现。

第四节　教学是一门艺术

优化课堂教学设计，教师必须研究教学艺术问题。下面是刊于《语文学习》1986 年第 12 期上一位考生的作文《这堂课真没劲》：

"叮呤呤……"上课铃响了。

门开了，×老师慢吞吞地走了进来。

讲台上堆着备课手册、教科书、参考书、新华字典等。

好不容易她开始讲课了，声音很轻，但我还是听得清楚，因为这时教室里已经很安静了。

我听见她在问："谁愿意把课文读一下？"我不想读，因为没劲，出乎意料，竟然没人举手。最后她自己开始读了。

读得很慢，声音拉得很长，好不容易我听她读完了第一段，好在第一段只有四句话。文章进入了高潮，她还是那样不紧不慢……

我扭头转向窗外，看见远处天空飘浮着朵朵白云，我不禁想起下午要看电影《云飘飘》，这部片子是讲什么呢？侦探片？武打片？不像。嗯，那么大概是文艺片了。

不知不觉，×老师已读完了课文，这时我不禁脸红，旁边的某乙一声不吭地伏在桌上认真地听着，我刚才却在想什么。我满怀敬意地看了看某乙，天啊！这位老先生正专心致志地在课本上画画。我抬起头，这才明白，为什么教室里静得出奇，邻座的某甲在做数学，某乙在修钢笔。我呢，则在胡思乱想……

下课铃终于响了，大家都抬起头，开始收拾书包。我一边收拾一边想，这堂课真没劲。唉！但愿这堂课有劲儿些吧。

下堂语文课能有劲吗？根据这位考生作文中的介绍，预计下堂课不会有劲儿，也不会生动、有趣。因为这位老师的讲课无变化，无起伏，无高潮，实在是太缺乏艺术性了。与之相反，颇有教学艺术的课堂教学，非但会大大增强学生的学习效果，而且会使学生产生极大的学习兴趣，甚至是一种教学艺术的享受。

能吊起学生的学习"胃口"，就是一种教学艺术。它能使学生产生跃跃欲试的学习心理。有位老师在教《西门豹治邺》一课时，不是按惯例采用介绍时代背景、作者生平的那一套程式开头，而是别开生面，有所创新。他在板书课题之后，随即"设疑存问"，在课题"西门豹"三字之下各加一着重点，并设问说："西门豹是何时人？怎样的人？"之后，又在课题的"邺"下加一着重点，设问说："邺在何地？当时在政治、军事、经济上的地位如何？"随后，进一步"激疑"，再问："西门豹既非开国五候，又非盛朝元老，为什么他的名字能够进入史书，载入时传，留存至今？"这一关键的问题，使学生陷入沉思，一时不知从何答起。这时，教师返身再在课题的"治"字上，画上一个赫然醒目的大圆圈。然后，教师说："答案全在此一字之中啊！"这"投石激浪"的提示，使同学们眼睛豁然一亮，于是学生便围绕这个核心问题思考研讨起来。

由上看来，教学不仅是一门科学，也是一门艺术，教师应该是一个教学艺术大师。教师要真正上好课，不仅要研究教材的科学性和思想性，还要研究教学的艺术性问题。正如近代教育家俞子夷所说："我们教学中，若没有科学的依据，好比盲人骑瞎马，实在危险。但是只知道科学的依据而没有艺术手腕处理一切，却不能对付千态万状、千变万化的学生，所以教学法一方面要以科学作基础，一方面又不能不用艺术作方法。"

当前学生学习负担重，不仅仅是因为学生课业负担特别多造成的，还与学生上课的时候，教师的教学缺乏艺术魅力有密切的关系。无论是平铺直叙的"满堂灌"，还是千篇一律的"满堂问"都会造成课堂教学的沉闷气氛，使课堂教学变成一潭死水，学生学习起来怕读厌写，感烦生厌，这

教育创新与课堂优化设计

种无兴趣可言的教学，怎样能让学生学得轻松愉快和得到艺术享受呢？这种教学同样会加重学生的负担。

另外，有的老师在教学出现失误时，总是抱怨学生："某问题我都讲几遍了，不少学生还是不会，这些学生就是脑子笨，基础差，实在没办法。"他们不会去自查、自责，更不会从自己的教学方法和教学艺术上找失败的原因。这自然难以解决教学中存在的问题。所以，无论是从减轻学生负担也好，提高课堂教学效果也好，寓教于乐也好，教师都要重视对教学艺术进行研究。

总的来说，教学艺术是指为取得最佳教学效果而创造性地组合运用一套娴熟的教学方法、技能和技巧。它表现为：教师根据本学科的目的、任务和特点，针对教材实际和学生实际，创造性地设计教学程序和运用教学方法。可见，教学艺术也是运用教学方法，但它对教学方法运用得更娴熟、更巧妙和更具有创造性。

教学艺术与舞台艺术虽有相似之处，但有根本的区别。舞台艺术重在表现艺术的本身，一个演员只要在舞台上较完美地表现了它的艺术水平，就自然会取得较好的舞台效果。教学艺术则不然，教学艺术不在形式的本身，教学艺术是为了增强和提高课堂教学效果和水平服务的。所以，我们评价一个教师教学是否有艺术性，除了要看表现形式外，更要看反映在学生身上的教学效果。

有一位历史老师，长于语言表达，口才很好。他上历史课时，引入大量的历史故事中的精彩篇章。学生十分爱听他的课，盼着上他的课，甚至把他当成了"说书人"。他一上台，学生就在下边说："来一段儿，来一段儿！"但是一到历史统考，许多学生不及格。学生平时光乐于听故事，一些基本的历史事件、年代、人物等基础知识都没掌握住。复习时老师也没有进行系统的归纳，遂造成这一结果。显然，这一位老师只追求教学表面形式的精彩热闹，而违背了教师运用教学艺术的宗旨。

评价教师的教学是否有艺术性。主要看学生能否产生以下几种学习效果：（一）精神振奋，学习兴趣浓厚；（二）积极思考，思维活跃；（三）学有所得；（四）成功的喜悦与轻松愉快；（五）会学的能力的形成与学习

习惯的养成。

教学艺术并不神秘。有的教师认为，研究教学艺术是少数理论工作者、专家和高水平教师的事。其实不然，每个教师都有潜在的教学艺术火花，这就在于教师去撞击它，点燃它，积累它。只要教师为此付出努力，锲而不舍地追求，每个教师都有可能登上教学艺术的殿堂。

第五节　教学是一种创造

　　既然我们认定教学是一种艺术，就应当认定教学是一种创造。因为教师的教学艺术魅力之源是教师的创造力。没有教师的创造性劳动，就不会产生教学艺术。正如李政道博士说："科学与艺术是一枚硬币的两面，它们的共同基础是人类的创造力。"通常，教师的教学创造性，主要体现在以下几个方面上：

一、优化教材处理

　　众所周知，大纲和教材是由国家统编的，教师无权更改，但教师对教材的处理、优化则是自己的事。导演对剧本的处理是一种再创造，与此同理，教师并不是教材和参考书的"留声机"，而是要针对教材、课文、学生心理的特点，来一番科学的艺术的处理，从而形成可以操作的教学思路。这就是一个教学再创造的过程。

　　由于教师的教学创造力不同，这将会给教材处理上带来较大的差异。颇有教学创造力的教师不仅给教材赋予新意和活力，而且能从简驾繁，化难为易。反之，教学再创造力较差的教师，因为不能独立处理教材，他们或者是按教材照本宣科；或者是按参考书的内容搬来搬去。显然这种处理教材的结果，不仅不会赋予教材新意和活力，而且还会增加学生学习的难度，导致不良的教学效果。

　　所以，只有提高教师的教学再创造能力，才能优化教材处理，而只有

实现了教材处理的优化，才有可能实现教学设计的整体优化。

二、选择教法和运用手段

课堂教学方法与手段的大忌是：单一化、程式化、公式化。那么，怎样才能超凡脱俗，使教法常教常新呢？这就要求教师不能墨守成规，而要勇于创新。要创新，就需要教师的创造力。

钱梦龙老师在文革后曾接教一个初二班，名为初中生，实属半文盲程度，文化基础、品德素质都极差。面对这样的现状，有一位教师想用小学课本为这些学生从头补起，学生自尊心受到伤害，就撕碎课本不学了。钱梦龙感到，不能差什么补什么，而应首先吊学生的胃口，让他们想学点东西，他先给学生说："我和你们一样，过去学习也很差"。学生全笑了：钱老师和我们一样！感情拉近后又问："你们感到最难的是什么？"答："作文。"钱老师说："咱们就教作文，我保证一节课就教会你们作文，都能得80分以上。"

第一节课教学生写家人。学生说怎么写，钱说，家里人说什么话，干什么事你就写什么。"不会的字怎么办？""随便，用拼音代也行，空下来也行。我只有两点要求：一、标题要居中；二、文章要分段。"有学生问："怎么分段？爸爸说的话为一段，妈妈说的话分一段，行不行？"钱老师说："行！"学生交来作文本，钱老师当堂打分，只要符合两点要求，都给80分，再有点内容的，给90分。至于错别字、看不懂的内容先不管。这些学生过去作文从来都是20分、30分，现在都成了80多分，有人以为钱老师开玩笑，钱老师严肃地告诉学生，这不是开玩笑，你们都按我说的两点要求写了。懂得格式很重要，这是一个很好的开端。学生首先消除了畏难情绪，感到作文并不难。这样一步一步来，到期末，家长拿到孩子作文本时，后边几篇已经是正正规规、像模像样的作文了。

以上这个教例为什么会获得成功呢？这是因为钱老师没有采取"缺什么，补什么"的习惯教法，而是针对差生知识基础和心理特点的实际大幅度，降低要求，灵活而创造性去设计一种新的教学思路。因为它符合这些学生的实际，所以取得了预期的效果。由此看出，教师的创造性对于教学

方法的选择和运用也是十分重要的。

三、教师的教学风格

著名作家孙犁说："风格形成，带有革新的意义。"教学是一种艺术，教学风格就是一种教学艺术的创造。它是教师在教学中遵循规律，遍采百家之长后，结合自身实际进行突破和创新，看他教学有无创见性，是不是超越模式，走入艺术。

综观优秀教师的教学风格，有的教师善于抒情，讲起课来感情充沛，形象感人，使学生在强烈的感染中受到教育；有的教师擅长训练，讲课时，传授方法，指导实践，使学生在实践活动中增长才干；有的教师注重思维。授课时，巧设情境，启发引导，使学生通过积极思维增长聪明才智；有的教师追求生动，讲解教材引人入胜，出神入化，使学生在美的享受中获得知识。这些老师的教学魅力正是来自于自身的独创性。

机械模仿和"随大流"，是当前教师不能形成自己有个性教学特点的两大障碍。对于教学工作来说，完全相同的条件是根本不存在的，这就决定了教师既不能照搬照抄别人的经验，也不能因循守旧地承袭同一种教学方法，只能凭借自己已有的知识经验去领悟，去体会，去因人、因事、因时、因地进行创造，才能形成自己的个性风格。

"自成一家始风流"，教师没有必要"心长在自己肚子里，眼睛却长在别人的身上"。每个教师都能眼睛向内，去努力研究自身、认识自我就会发现，每个人都有自己的鲜明个性和独特的风格。这就要求教师应该显示自己的优势，亮出自己的绝招，爆出自己的"冷门"，演出自己的拿手戏。只有这样，教师才能各显其志，各显其才。

教师能创造吗？回答是肯定的。心理学家奥托说："我们所有的人，都有惊人的创造力。只不过它埋藏在人的较为深层的自我里，只有付出辛苦且常常去'挖掘'，才能得到它。"但愿每位教师在深入教学改革，推进素质教育过程中，增强创造意识，做一个创造型的教师，不断地去挖掘自身的创造力，从而去发现自我、创造自我，超越自我，形成"与众不同"的教学风格，一级一级地登上课堂教学的崇高境界，一步一步地踏进教学艺术的辉煌殿堂。

第三章　做好教学备课

　　课本，一课之本。实践证明，大凡成功的教学都与教师深刻的理解和恰当地处理教材有关。而有的教师的课堂失败，又常常源于没有真正搞懂弄通教材的精神实质。所以，教师要备好课，实现教育创新，必须认真钻研教材，充分利用各种教学资料，多渠道了解学生，优化教案编写和说课技术。下面，就来谈一谈如何做好教学备课这一问题。

第一节　优化教材的钻研

　　教学大纲是国家教委正式公布的对教师工作有指导性、制约性的权威文件，具有法律效力。教材则是教学大纲的具体化。所以，教师要钻研好教材，首先应学习好教学大纲。也就是说，教师只有熟悉教学大纲，才能胸怀全局，居高临下地深钻教材，才能恰如其分地确定单元、课时教学目标和要求，把握教学重点和难点。

一、掌握大纲做到五个弄清

（一）弄清教学目的任务

　　教学目的是教学的出发点和归宿，也是教学效果的检查指标。

　　它规定了各个学科教学的基本任务、教学目标。而这些教学目的又要通过一节课一节课逐步落实。所以教师学习教学大纲首先要弄清本学科的教学目的。而教学大纲是按知识教学、能力培养、思想教育这三个方面阐述的。

（二）弄清教学内容

　　教学内容是解决"教什么"问题，这是教学大纲的主体部分。

　　教学内容无论对教师，还是对学生都是被认识的客体。它是教与学的依据，离开了教学内容，教学就成为无源之水、无本之木，教学质量也就失去了衡量的标准。因此作为教师从事教学，必须要弄清本学科"教什么"，即大纲对教学内容的要求从范围到深度搞清楚了，知道了"教什么"，才能去研究"怎么教"。

（三）弄清教学建议

如果说弄清教学内容是解决"教什么"的问题，而弄清教学建议则是解决"怎么教"和"重点教什么"的问题。这是对教育思想、教学内容、教学方法提出了要求和进行必要的指导。

各科教学大纲的教学建议部分的标题写法不同。如《九年制义务教育初中语文教学大纲》中写的是"教学中要重视的问题"，《九年制义务教育初中数学教学大纲》中写的是"教学中应该注意的几个问题"，《九年制义务教育初中物理教学大纲》中写的是"教学中应该注意的问题"等。不管标题怎样写，大纲中的这一条款都是编写者对使用者提出的教学建议，它提示教师在使用本大纲时应注意的原则、方法和要求。

（四）弄清限定的知识范围和深度

怎样限定知识范围和深度，大纲中都有一定的教学要求说明，这应是教师把握教学大纲基本尺度。例如《九年制义务教育小学数学教学大纲》在附录中是这样写的：

关于教学要求用语的说明

有关知识的教学要求分为知道、理解、掌握、应用四个层次。

有关技能的教学要求分为会、比较熟练、熟练三个层次。

（五）弄清新大纲的特点

教学大纲总是在不断修改完善之中。教师拿到新大纲总要同旧大纲作一番对比，看新大纲在教学目的、教学内容、教学建议、限定的知识范围和深度等方面都做了哪些增删修改，新大纲有哪些时代要求。搞清了这些问题对于搞好教学，尤其是跟上时代脚步，深化教学研究都是有极其重要的意义。

二、学习大纲的策略

教师学习大纲时为了提高其效率，可采取以下多种方法和策略：

（一）精读

这是通读，精读原文。从大纲的结构上对每一章进行认真仔细地阅读，并做必要圈点。重点地方应加强背诵，以强化理解和记忆。

（二）结合

这种方法是把钻研教材和学习大纲结合起来。一方面先去通晓大纲，

然后按着大纲的要求再去细致地阅读分析教材，理解教材，挖掘教材。也就是说，以大纲为出发点，到教材中去找落脚点，这是顺向思维。另一方面教师可看教材想大纲，以推理的方式进行逆向思考。这样上上下下，使大纲和教材融为一体，不使教学迷失方向。

（三）提醒

提醒有两种，第一种做法是在自己的案头常放一本教学大纲，看到大纲，自然有意无意地翻一翻，看一看，需用哪一部分就看哪一部分；第二种做法是在多本教案的扉页上都写着所教学科的主要内容，用以提醒自己按大纲的要求进行教学。

（四）对比

对比就是教师在学习新大纲时同旧大纲进行对照学习，看新旧大纲有什么区别，新大纲哪些地方有新的更改和变化。去掉什么，增加什么，为什么要这样变化？这样有助于尽快的掌握大纲精神。

（五）取经

取经就是向别人请教。如向有经验的教师请教，向教研员请教。另外还可从报刊杂志上学习有关文章，体会教学大纲。还可以通过听专题讲座，看观摩课等来学习教学大纲。

另一方面，教科书是根据教学大纲系统表述学科内容的教学用书，是教学大纲的具体化。教科书通称为课本。在掌握大纲的基础上，教师要潜心地研读教材。教师研读教材的任务主要包括以下几个主要方面：

1. 弄清教材编排体系。

2. 弄清本册教材各方面具体要求。

3. 弄清教材纵向关系。

4. 弄清传授知识、培养能力、思想教育的各项指标。

三、确定教材重、难点

（一）明确任务，确定目标

教师要通过研读教材，明确本学科的教学任务，真正弄懂教材的基本思想、基础知识、基本技能及编写意图，透彻理解教材的精神实质，内在

第二章　做好教学备课

联系及广度深度，并把教师的思想感情和教材的科学性、思想性融为一体，确定出全册的、单元的、课时的教学目标。

明确教学任务，确定教学目标是教师研读和理解教材的起码要求。如果教师在备教材中对教学的基本任务和教学目标尚不清楚，那么备课就是毫无意义的。

明确教学任务，教师对教材应做到"四个清楚"：

1. 教材的编排体系要清楚。弄清体系易于看出教材的纵横关系，掌握知识的整体性、系统性、连贯性，易于把握编者意图。

2. 本册教材各方面的具体要求要清楚。在摸清教材体系之后，重点把基础训练内容及课后作业看一看，对照大纲，进行知识排队，就可以看出本册的训练重点及各项知识的具体要求。

3. 教材的纵向关系要清楚。"纵向关系"指的是一册教材与其前后册之间的关系以及该册教材在各阶段教学计划中所占的地位，并包括一册教材中组与组、课与课、题与题之间的内在联系。

4. 弄清楚传授知识、培养能力和思想教育的各项指标。

（二）确定教学重点和难点

尽管教师对教材全册书都要通读，对每单元、每章节都要吃透，但也不能平均使用力量。在研读教材中要善于抓教材中心，确定出教材的重点和难点。例如有一位老师说："每个假期，我总把课文通读两至三遍，了解重点难点。备重点时，我要反复细细体味，记下许多零散笔记，然后归纳总结，再去琢磨教法。有时，一课书在我头脑中孕育许多天，设计多种教案，我总是要反复推敲才定下教案。"这种精神是很值得学习的。

（三）分析教材，找出特点

教师在研读教材时还有一个重要任务就是注意分析教材的特点。如小学数学有的内容偏重于数量关系的分析；有的内容偏重于演算；有的内容则偏重于联系实际，等等。从中学语文来看，对记叙文的分析，要从人物事件入手，挖掘作品中人物的精神世界；散文则要抓住境和意的血缘文脉，洞察作者心头的感情；而议论文则要抓住事与理之间的逻辑关系，从而找出作者的论点及其论证方法。由于教材的特点不同，选择

的教法就不同。教材的特点在一定程度上决定着教学活动的组织和教法的选择。教师在研读教材中找到教材的特点则有助于有的放矢去选择恰当的方法。

（四）估计疑点，有备无患

在教师研读教材过程中，还要去分析教材，充分考虑到学生可能在哪些问题上质疑，以便给以释疑解惑。那么，教师怎样研读教材呢？这有一个技巧问题。教师研读教材最忌讳的是"死抠"和呆读硬背。下面介绍一些研读教材的方法，以供老师学习参考。

1. 读、想、划、问、写结合

教师研读教材不可简单地泛泛而读，应边读、边想、边划记，把读、想、划、问、写结合起来。钱梦龙老师研读教材的做法，就是一种典范，很值得我们学习借鉴。在谈到如何研读教材时，他说："课文多读几遍：初读，了解文章梗概；再读，扫清文字障碍，生字新词要查字典，联系上下文理解词义，分析字的音、形、义；三读，弄清句段含义，根据学生实际设想可能质疑的问题及解答要点；四读，概括中心思想，钻研写作特点；五读，准备好课文后练习的答案。这'五读'并不仅指读五遍，有时为了弄懂一句话、一段话，不知要读多少遍呢！读时要边读边思考，要站在学生的角度多问几个'为什么'，务求甚解。如果自己不懂，就向书本请教，向同事询问，向行家学习，直到得到正确答案为止。还有就是笔头要勤，看书要动笔圈圈画画批批，偶有所得，要及时记下来，对那些疑惑不解的地方也要记下来，以便查找资料或请教别人。"

有的老师在没认真读教材之前，先去看参考书，这样不好。参考书写得再具体、再详细，也不能代替自己钻研教材。过早翻阅参考资料会妨碍自己深入地领会教材。所以正确的做法应先去自己认真研读教材，而后再去翻有关参考资料。

2. 深究课题，抓住关键字、词、句

在研究教材中，为了较快地把握教材的中心和实质，以及分析教材的重点、难点和疑点，可以采取深究课题，或抓教材中的关键字、词、句的方法。这里以研读语文教材为例，有以下方法：

（1）深究课题

俗话说，看书先看皮，看文先看题。文章题目犹如人之眉眼，是最精彩、最醒目之处，它那精炼的文字，有着无比深刻的蕴含之义。文章的中心和实质往往就包含在题目之中。所以，有时深究题目往往就能抓住文章的中心。如《再见了，亲人》、《珍贵的教科书》、《小站》等，这些题目或明确范围，或交代思路，或预示中心，为文章的学习提供了目标和依据。

（2）抓关键字词

在研读教材中，不可避免地会遇到一些费解的字词。特别是有些字又是关键重要处，倘若不求甚解，囫囵吞枣地读过去，带来的后果自然是食而不化。因此教师在钻研教材中应注意抓住教材中的那些关键字句，深究其中底蕴，务必求勘破疑。例如有位老师在备《火烧云》一课时，她说："我对'烧'字的认识有一个逐步提高的过程。初读课文，我只感到"烧"用得好，既写出火烧云的色彩，又巧妙地点出了名字的由来。待我再读课文，想象画面，我又悟到作者借火焰红、亮以及燃烧时的动感，把它写活了，作者描写了红艳艳、亮闪闪、色彩奇丽的火烧云美景。反复读课文，进行琢磨，又体会到，一个'烧'字，把火烧云漫布天际的磅礴气势写了出来，而且表达了作者对火烧云的喜爱之情。通过字词的反复琢磨，使我对课文逐渐加深了理解，教授学生时，效果也不错。"

词是构成文章的基本要素。关键词往往是包含文章的重点或要害内容之处，抓住它往往起到牵一发而动全身的作用。教师在研读教材时要注意抓关键词语。如《我的伯父鲁迅先生》的关键词是第一段中的"爱戴"。抓住它，就可以把"怀念伯父"，"谈论《水浒》"谈论"碰壁"、"同情车夫"、"关心女佣"这样几件从内容到形式看来都毫无关联的事情统一起来，形成一个整体认识。

（3）抓重点句

抓重点句，指的是那些能直接反映文章中心，揭示问题矛盾，揭示学习思路的句子。它也具有牵一发动全身的作用。只是容量比关键词语大而已。文章中的重点句的分布大体有三种情况：一是位于文章的开头处，人

们称它为起始句；二是位于文章的结束处；三是位于文章的中间的某一地方，具体位置不固定。

（五）钻研揭示语和旁注

教材中常有指导思路、方法的揭示语和指明关键的旁注。它既是帮助教师正确使用教材、突出重点、分散难点的教法指导，又是启发学生分析思考、掌握知识要领的学法指导。教师在钻研教材时不可忽视。如小学六年数学第十册《列方程解应用题》例6，在例题后编者安排了"想一想，还可以怎样列方程"的揭示语，来启发学生从不同的角度找等量关系，根据题意列方程，这不仅沟通了知识之间的联系，而且能培养学生思维的灵活性和运用所学知识解决实际问题的能力。

（六）领会揣摩插图

各个学科教材都有多种插图，教材为什么要设置插图呢？它的作用是什么？教师备课中应悉心领会揣摩插图用意，发挥插图作用。

教材中的图一般有主题图、实物图、示意图、表格图、线段图、几何图形等。这些图不仅能便于配合各学科的特点进行思路教育，而且能便于抽象的基础知识，基本原理"外化"、"物化"，从而帮助学生增强感知，建立表象，培养形象记忆，促使形象思维与抽象思维互助互补、和谐发展。

怎样揣摩和运用插图的作用呢？我们可从张家福教师的做法中得到启示：

《我的战友邱少云》一文，为了表现邱少云"严守纪律，不惜献身"的精神，课文编者特设计了一幅图。我认为既有图，就应有它存在的必要性。我就分析课文，仔细观察图，寻找这幅图使用的时机、方法。最终我决定从文中"没挪动一寸地方"这句着手提问："这句话的意思是说在烈火烧身的时候，邱少云一动没动。我却认为他有动的地方，请同学们仔细看图、深思，看谁能替我解释一下，最先寻找到'动'之所在？"

这意外的问题，吸引学生寻根究底。经过思考，同学们发现在这些方面在动手：左手使劲地抓住地，紧紧握住一把土；右手攥紧拳头死死地托住下巴。

嘴：牙咬得紧紧的，嘴角在不停地出现痉挛性抽动，下巴用力地往下压。

眼：瞪得大大的，带着仇恨的目光射向敌人。

眉：长时间地聚在一起。

紧接着我问：他为什么会这样动？（答：烈火烧身，疼痛难忍。）

从这些细小的'动'体现了什么？（答：严守纪律，不惜献身。）

这样一来，就把同学们带到了邱少云的身边，置他们于其境之中，使他们加深了对课文的理解。

（七）钻研习题

习题中，有些属于基本训练方面的。尤其是数学，习题在教材中的地位仅次于例题，它能配合例题由知识转化为能力。我们钻研教材时，对习题的作用及难易要做到心中有数，特别是要弄清它与例题相配的基本题、变化题、发展提高题三个层次的分布情况。

第二节　教学资料的利用

这里说的教学资料是指教科书以外，那些有助于教学工作的各种教学参考资料。如由人教社编写与教材并行的教学参考书，各种教学报刊资料，特级教师教学经验汇编资料，教学专著资料，以及其他天文、地理、政治、历史、科技图书资料等。概况地讲，教学资料有以下功能：

第一，能加深理解教材。众所周知，教师钻研教材主要靠自己独立完成。但是，限于教师自身的知识水平和能力，在理解和处理教材上会出现这样或那样的困难、问题。怎样解决这些问题呢？教师通过查阅参考书和各种教学资料则有助于问题的解决。从这个意义上说，教学参考资料则是教师的"好帮手"，是不说话的"老师"。

特别是比较偏远的山区农村学校，对那些参加教研活动机会少，教改信息比较闭塞，自身业务水平相对较低的老师，各种教学参考书和资料作用就更大了。在各种教学参考资料的帮助下既能提高备课质量，又能提高他们自身的素质，缩小与城镇教师的距离。

如有一位青年优秀教师说："有一天走进阅览室，忽然发现《小学教学参考资料》，连忙借来研读一番，的确让我得益不少。真的，它帮助我熟悉大纲和教材教法，帮助我了解教学经验与教改信息，帮助我提高了阅读与作文教学水平。当年我所教的班级学生成绩名列全镇第一。"可见，正是教学参考资料助了这位青年教师一臂之力。

第二，能博采众长。司马迁"综百家之言，成一家之说"，始有《史

记》；刘知几"总括万殊，包吞千有"，随着《史通》；鲁迅在总结《狂人日记》的写作时说："大约所仰仗的全在先前看过百来篇外国文学作品和一点医学上的知识。""后又偶阅《通鉴》，乃悟中国尚是食人民族，因此成篇。"作家创作是这样，教师教学也是这样。教学任务需要教师具有丰富的知识和辽阔的视野，这就是人们常说的"给学生一碗水，自己要有一桶水"。教师的一桶水哪里来呢？仅凭一本教材是不够的，要在教材以外去广泛阅读各种教学资料，博采众长，开阔视野。如以《狂人日记》的备课为例，教师除了弄通教材了解鲁迅的战斗精神之外，还要学习一些历史知识，知道封建社会何以"吃人"；学习一些医学知识，知道精神失常何出"臆语"；学习一点小说知识，甚至可以涉及一点果戈理的《狂人日记》或"意识流"方面的创作手法。学习这些知识是为了掌握小说背景，分析小说的人物语言，以及研究小说的写作特点，了解小说主题的深刻意义。

没有深入就不会有浅出，没有厚积也就不会有薄发。教师对教材的科学处理，教法的正确选择，都是建立在广博精深的知识功底上的。其实每个学科的每一套书就是一部微型的"百科全书"，它不仅包含本学科的丰富知识，还涉及社会的、自然的等方面的知识。

苏霍姆林斯基说："教师所知道的东西，应当比他在课堂上要讲的东西多10倍，多20倍，以便能够应付自如地掌握教材。"知识贫乏，孤陋寡闻，教学思路就是狭窄的。一个人的思考总是有限的，而且思维起点低。如果取众家之长，纳百川成一家，有了别人的启发，一种有创见的教学思路可能产生出来。

第三，激活教学内容。通常课本上的内容比较单一、抽象。有的教材还比较呆板枯燥。如果教师就教材讲教材，学生势必感到枯燥无味。特别是当学生提前对教材有了预习或自学以后，教师还按原有内容照讲不误，教材势必失去新鲜感，教学也会失去吸引力。"喜新厌旧"是人的常态心理，上课总是"老面孔"，学生怎能兴奋起来。假如教师引入教材以外生动活泼的内容，课常备常新，就会使教材中那些单一死板、抽象的内容鲜活起来，丰满起来，这会大大提高教学吸引力。

语文教学效率低，这几乎是语文界长期以来一致的看法和无可争辩的

现实。无疑，这是有多方面原因的。但其中一个重要原因，恐怕就是教师孤陋寡闻——不看报刊等教材以外与教学有关资料的缘故。对此粟登亮老师深有体会。他说："单就命题作文题目来说，每每看到报上的一些文章标题，觉得挺新鲜，颇受启迪。我非常赞赏《湖南日报》'半分钟谈'上的《天若有情天亦恼》、《拴在猪尾上的意见》、《药与孩子并重》等文章标题。经过对这些标题的推敲、联想、借鉴，我也把学生所见、所闻、所感的一些事情，命了如下一些题目，要求学生作文：《车怒人怨何时了》（因城市居民在一段公路两边营建私房而引起的行走不便），《木桥逾墙走》（一群众在一所学校围墙上架桥通行），《校园借嘴巴呐喊》（一校园一处地基快要坍塌）。上述作文题目，很受学生欢迎，他们认为，这些作文题目生动、活泼、新颖、有吸引力，与实际生活联系密切，能诱发思维想象，望文能作文。我想，如果不勤看报章杂志，不在作文教学上注入'时代活水'，无论如何也不会命出这些受学生喜爱，又有好的教学效果的作文题。"

第四，更新知识，纠正错误。社会在发展，人类在进步，知识也在不断地更新。尤其教材使用周期比较长，国家修订一次又不是很容易的事。社会科学和自然科学的最新研究成果，以及知识的更新等，不一定能及时补充和反映到教材中来。那么，要想使教学跟上时代的节拍，教师就要突破教材的范围，去广泛涉猎报刊、杂志等信息和资料。因为一些更新的知识、学术上的最新成果，新的思想和观念总是在报纸杂志上与读者见面。比如"词组"更新为"短语"的提法，关于中学课本《药》的主题、结构的最新研究成果等都是最新发表在《语文学习》上等。如果教师养成勤看报章杂志的习惯，总是能及时地将诸如此类的知识用于教学，使学生在知识上呼吸到"新鲜空气"，增强教学效果。

另外，经常阅读各种教学资料也有助于及时纠正教材、教参中的一些缺点、错误。因为对教材中的一些问题的讨论和指出瑕疵也总是首先见诸于各种报章杂志的。

"半亩方塘一鉴开，天光云影共徘徊。问渠哪得清如许，为有源头活水来。"以上分析可以看出，教师要真正把课上好上活，仅研究教材是不

够的，还必须到教材以外去汲取各种知识营养。只有这样，教学才有了源头活水，常流常新，永不枯竭。

一、用好教学大纲、教材、教学参考书

教学大纲、教材、教学参考书是教师在教学中的三件法宝，教师在教学中应充分利用好。那么，怎样来利用参考书呢？参考书贵在"参考"。如果偏离这个准则，教学参考书未必起到应有的作用，甚至会起到消极的作用。

目前在中小学教师备课中，普遍存在照搬照抄参考书的现象，有的甚至一字不差，真是备课等于抄参考书。这种做法是十分有害的。

第一，表面看来，老师似乎节省了时间和精力，而实质以参考书现成的思考，代替了教师个人对教材理解思考的过程，因而影响教师对教材真正理解。教师自己都未能深切理解而是鹦鹉学舌说别人的意思，这在教学中怎能分析透辟，打动学生？

第二，迷信参考书，便会使教师受参考书"先入为主"的影响，容易束缚自己的创造力。教学参考书说了的，自己就不再深入思考。满足于"吃人嚼过的馍"。这样的教学是没有个性的教学，也是没有前途的教学。

第三，参考书都是有关教育专家、教研人员编写的，它对指导教师的教学具有比较普遍的适用和参考价值。但是全国那么多学校那么多班级，怎么可能用一个统一的教案去进行教学呢？"教参"有普遍的指导意义，是就教材的整体结构和教法的一般特点而言，具体地对一个学校、一个班级来说，还要考虑它的许多特殊性，如教学条件、学生基础、后进生情况等。因此，全盘照搬"教参"，不利于因地制宜地定出授课计划，不利于因材施教。况且教学参考书也并非都是十全十美的。

第四，教学参考都是水平较高教学能力较强的教育专家和特级教师编写的，其中不乏可行的、精彩的教例。但是这样的教例也存在一个教师如何驾驭和控制教材问题。用中等或低等水平的教师素质来驾驭和控制高水平的教例，这有一个是否可以适用的问题。

第五，长期照抄、照搬"教参"，容易形成依赖和惰性。懒惰是教学

教育创新与课堂优化设计

上的大敌。不动手、不动脑，长此以往，不利于形成良好的教学作风和严谨的治学态度。

对参考书的态度重在参考。既要学习利用，又不照搬。正如特级教师于漪所说："我给自己立了个规矩，绝不做参考资料照搬照抄的人，要独立思考，刻苦钻研，力求真懂。为了备好一堂课，我常常花 10 个小时、20 多个小时，经过上百篇教材的钻研，我尝到了庖丁解牛的滋味。我总觉得别人分析教材写的资料，别人潜心钻研所得，对我来说，总隔了一层，只有经过自己钻研，所得体会才是真切的。拿自己的真切体会指导学生，课堂上就得心应手，左右逢源。

对参考书的正确使用应该是这样的：

（一）先钻研教材，后看参考书。

（二）参考书贵在参考，既要发挥它的参考作用，又不要受它的束缚，要有所选择。

（三）把参考书作为开拓思路的工具，在此基础上再去发挥、去创造。

（四）参考书选择应是大家公认比较好的。有条件应多看几家的，取众家之长，补己之短。

二、利用报纸杂志资源

目前，各具特色的全国各地的教育教学报刊林立，内容丰富、信息量大、刊期短。由于撰文的作者多是多年从事教学研究和具有丰富实践经验的教研人员、优秀教师、特级教师。因此资料的可读性、指导性和实用性很强，是广大教师，特别是青年教师备课和业务进修的"源头"、"活水"。

学习利用报纸杂志教学参考资料可采取两种方法：一种是浏览或精读。把教学刊物或报纸认为有用的资料摘录在知识卡片或学习笔记上，也可以直接摘抄在教案本上（写教案时就有意识留空白处）。这种学习需要日积月累。第二种方式是应急学习。把教学刊物作为备课资料来直接研究。如粟登亮老师曾谈过自己这些方面的做法和体会：勤看报章杂志，也是很好的备课。这种不备课的备课，在某些方面能起到教材所不能起到的作用，完成教材所不能完成的任务。具体做法是：

（一）长期订阅与语文教学有关的报章杂志，如《语文学习》、《语文报》、《作文》、《散文》等。

（二）每天至少挤出 1 小时时间广泛阅读各种书报杂志。

（三）经常在报刊上搜集、剪辑与语文有关的资料，并分类编订成册，列出目录，以便日后随时查阅。

（四）对重要的教学经验、教学方法、教参资料、有争论的文章要反复精读，仔细体会，并用之于教学实践。

（五）凡发现报章杂志上给教材教参指出的瑕疵，立即在教本或教案上修正、补充或注释。

由于我长期坚持勤看报章杂志，积极认真地去做这个"不备课的备课"工作，所以，在语文教学上得益不少。

三、教学理论的学习利用

教学理论是对教学实践活动经验的科学概括和总结，是指导一切教学活动的准则和依据。教材的处理、教法的选择、教学过程的设计等都需要教师有正确、先进的教学思想和观念。而正确先进的教学观念哪里来？学习教学理论是一个重要渠道。

教学理论可分为以下几大类，教师可有所选择地进行学习。首先是心理学。心理学包括《普通心理学》、《教育心理学》，以及各个学科的教学心理学，如《小学语文教学心理学》等；其次是教育学，包括《普通教育学》、《教学论》、《教学艺术论》、《教学最优化艺术论》等；再次是教学法，教学法一般都是结合各个学科的，如《中学数学教学法》、《中学语文教学法》等；第四是教育史。中外教育史是教学理论的重要组成部分，它能从更广阔、更博大的领域来开阔你的眼界，开拓你的思路。如：学习中国教育史可知孔子的"启发式"教学思想和方法，可知陶行知的"教学做合一"的教育思想。学习外国教育史，可知赞可夫的"教学与发展"的思想，可知苏霍姆林斯基的"发展智力"的思想，可知布鲁姆的"掌握学习"教学理论等。

教师在学习教学理论过程中可以采取有计划系统地学习，也可以灵活

机动地根据时间和需要一点一点渐进地学习。一般中小学教师工作比较紧张，时间又不是十分充裕，采取后一种方法更好一些。基本做法是，学一点用一点，用一点学一点，渐进蚕食；一点一滴地吸收，一点一滴地融化。这样既能学习理论，又能用于指导实际。

四、向优秀教师学习先进教学经验

一位优秀教师，就是一位开发人力资源的科学家、专家。他们对于所教学科具有系统的、坚实的理论知识和丰富的教学经验。这是一笔宝贵财富。尤其优秀教师的教学经验，大都是来自于教学研究的一线，不仅经过实践检验是正确的，更主要是这些经验针对性强，操作性强。这些经验都是针对某些学科、某些教改中突出的问题，对教师的学习借鉴意义是巨大的。教师在学习吸收教学资料中，应特别注意学习优秀教师的教学经验，从他们的经验中汲取营养。例如，王学东老师在谈到学习优秀教师的教学经验时说："在深入研究教材的同时，我又把探索的触角伸向了教法领域。教学实践使我明显感觉到传统教法已越来越不能适应新时代学生的需要了，要变一潭死水为满堂生辉，必须改革教法。如何改革教法呢？我的第一步是借鉴。于漪、魏书生、钱梦龙、宁鸿彬等全国知名的特级教师的文章、著作、课堂实录，我都作了细致的研究。这些研究对我备课和探索教法帮助很大，研究'巨人'，是为了站在'巨人'的肩上。在借鉴学习名家教法的同时，我逐步创造和形成了自己的教学风格，并取得了突出的教学成绩。"

五、社会和自然知识的学习利用

教师教学要做到旁征博引，还必须广泛涉猎文史哲和文化精品。如通读学习古、近、现代史和马克思主义哲学，阅读文学名著、名人传记，常看些小说、散文，鉴赏品评并抄录诗、词、曲、联精品和格言警句，经常翻阅并熟记常用成语典故等。这会不断扩大、丰富自己的知识领域，提高自己的文才。

这是一位农村中学教师刘大奇的体会：

1986 年，我大学毕业。在专业知识上我是毕业了，但我认为，作为一名语文教师只懂一些字词篇章，语文逻辑知识是越来越不能适应语文教学改革的需要的。语文教师还要懂一些政治理论，也要知道现代自然科学的一些常识。于是我把自己的学习扩展到了语文边缘学科。我系统地学完政治、社科理论书籍，同时又阅读了报纸杂志上介绍的自然科学常识，并将其收集整理装订成册。这些常识内容有：通讯卫星、光纤通讯、航天飞机、天体演化、物种起源等。这些知识丰富了我的头脑，开阔了我的视野，同时也使我的语文教学内容更加充实了。此外我还广泛地涉猎了建筑、雕塑、动植物、考古、历史、地理、美术等领域里的知识。我把这些资料整理汇编成册。这其中有"诗词背诵"、"名言、警句、俚语"、"自然科学知识"、"文学资料"、"读书札记"、"美术图案集锦"等近 20 本。这样广泛的涉猎知识使我逐渐地"富裕"起来，增长了才干。在吸取各方面的知识营养的基础上，我进行了教法改革的探索。1988 年我执教的语文课被评为县级优秀课，1989 年我被提拔到领导岗位。

六、读好"生活"这本书

生活是一本"百科全书"，它不仅是知识的宝库，还是思维的宝库。教师从身边的日常生活体验中摘取事例来充实课堂教学，无论是举例说明问题，还是剖析概念原理，贴近学生，学生感到熟悉、亲切、可信，这不仅能大大激活单调死板的教学内容，更便于学生感知、理解和记忆。例如，在数学整除中倍数与约数是相对而言的，不能绝对说哪一个数是倍数，哪一个是约数。这种关系与生活中的父子关系十分相像，不能绝对地说某人一定是父亲，而应该说他是谁的父亲，准确地说，他是他儿子的父亲，他又是他父亲的儿子，如果老师把日常生活中的这些看得见、摸得着的事物引进来，学生就很容易由此懂得了倍数与约数之间的相依关系。

生活经验的获得在于教师平时留心观察和积累。"留心天下皆学问"，平中见奇，平中见伟大。关键是教师一是要留心，二是要有一双善于观察的眼睛。

苏东坡说："博观而约取，厚积而薄发。"这意思说，只有广见博识，

才能选择其精要者取之，只有积累丰厚，才能得心应手为我所用。教师必须重视对平时教学资料的积累。人的记忆能力是有限的。教师在积累资料时，一方面靠内存——脑子记；另一方面靠外储——用笔墨记。然后分类辑录。这里介绍一下分类辑录的方法。

分类辑录可以有三种形式：一是笔记，二是卡片，三是直接写在教案上。笔记辑录可使同类材料相对集中，融众家不可能太细，更不能重新分类。卡片便于随身携带，随时随地辑录，可根据需要任意分类组合，使研究的问题更集中更精细。第三种方法是把有用的教学资料或某观点或事例直接写在教案本的空白处。这要求教师写教案时就要有意识地这样安排。使用哪种方法好，这要根据老师个人习惯而定。通常这三种方法可兼用。

辑录的主要形式：

（一）摘录法。这是将书籍、报刊中最有实用价值的材料，可在表达时特别是上课中能作为征引和说理论证的内容原原本本地抄录下来，包括标点符号、出处、出版时间或刊期及作者等。

（二）提要法。就是"提其纲，挈其领"，既可摘要记下原作中的重要内容，又可用自己的话去概括原作中的观点、要点、特点或文章的主、分论点及典型论据等。

（三）心得法。主要记录在学习、听课时对某一篇文章或其中部分内容，对某一堂课或某些教学环节优劣、得失的评价和心得体会，对其中的重点、难点、疑点的思索或从中受到的启发等。

（四）索引法。主要是对那些不便摘记的内容丰富专著或篇幅较长的有用材料或其中的部分内容写下它们归属的类别、书刊名、版本、出版时间、刊期或其中的章节、题名、页码等，以备用时查阅。

（五）拆剪法。拆是拆，剪是剪。拆是将书刊上自己认为有用的材料拆散下来，根据自己的需要，分类编成活页材料。剪是将有价值的资料从报刊上剪裁下来，分门别类地粘贴在本子上。这种方法仅限自己订阅的报刊或收集别人扔掉的材料。

（六）复印法。这是在有条件的地方，将有用的资料查阅出来后用复印机复印下来，以备以后细读和使用。

第二章 做好教学备课

积累材料应注意的问题：

（一）目标集中，博览精摘

学海浩瀚，书山茫茫，人生有限。读书学习，积累材料不能四面出击，应该根据自己的备课需要、专业特点、兴趣爱好，有所选择有取舍，切忌目标不清，见什么，抄什么，笔记做了一大堆，真正派上用场的寥寥无几。

（二）贵在有恒

俗话说："一日一根线，十年织成锻。"积累资料贵在有恒。不能凭一时三分钟热度。下面是一位中学历史教师的心得：

我这个历史老师之所以在学生心目中还比较"合格"，恐怕与我数十年来一贯注重积累有关的。长年来，我的身边总藏着一本小巧的摘抄本，我将每天所见所闻的有价值的东西，都搜集在里面。有时外出，见到了有关资料，我必驻足阅读，有所摘抄而后快。一次，漫步街头，见报栏内有一则很有价值的关于辛亥革命的消息，就马上提笔记上报名、年月日。回校后，就到图书馆去将那份报纸找出读之，将5000字消息压缩成1000多字的资料，这些摘下来的资料，成为备课的好材料，每当进行有关方面教学时，就得心应手了。

这位老师的成功就得益于持之以恒。

最后教师要注意以下几点资料使用原则：第一，不要喧宾夺主。教学参考资料，所以作为参考，它是一种辅助材料。要防止出现忽略教材，而去大讲特讲教材以外材料的现象。第二，凡引入教学内资料中的观点和事例必须科学可靠，要避免出错误。第三，引入的材料应尽可能是新鲜的，要避免陈糠烂谷子。

第三节　多渠道了解学生

前苏联现代教学论专家斯卡纳金曾说："如果孩子没有学习愿望的话，我们一切想法、方案、设想都化为灰烬，变成木乃伊。"教师了解学生的内容很多，但主要是以下几个方面：

一、班级情况分析

教学班是教师开展教学工作的基本单位，教学活动面对的是一个学生集体。因此，教师应该对班级有一个全面的了解，了解班级的构成、特点、风气、智能结构、学习情况、学习兴趣，以及多数学生对自己教学所持的态度，班级中比较有代表性的意见，班级中各正式团体和非正式团体的构成及活动能量等。

俗话说："蓬生麻中、不扶自直"、"近朱者赤，近墨者黑"。班风是一种直接影响教学的道德心理环境。许多老师常常会有这样的体会，同教一个年级的几个班级，在一个班风正、纪律好（不一定学生学习基础就怎么好）的班级上课，教师能较好地发挥备课水平，上课顺利，教学情绪好。反之，在一个班风不正、课堂纪律差的班级上课（学生学习基础不一定很差），教师如不改变教学方法，就很难正常发挥自己的教学水平。甚至还可能会因为课堂纪律不好而破坏上课情绪，从而减弱教学效果。所以，教师在备课中必须首先要了解一个班级情况，了解班主任的管理班级的风格，了解班风班纪，以便针对不同班级的具体情况，巧妙灵活地去选择教

学方法。

二、了解学生个体自然情况

一个班级是由每一个学生个体组成的。教师要对学生做到了如指掌，还应去了解每一学生的个体自然情况。

学生的个体自然情况包括姓名、年龄、视力、听力、身体状况、与同学和老师关系、家庭教育环境等方面。

有的学生个体自然情况尚需更深入和全面的了解：家庭教育环境就可从以下几个方面再做更深入的了解：家庭成员构成、家长职业及文化背景和家庭经济收入等。

三、了解学生的学习基础

这是对学生原有知识、技能掌握范围、程度和存在问题的了解。有位中学老师谈了这样一段体会：

我第一堂课给初三学生讲比例的概念和性质，课前反复钻研教材，编写教案，甚至自己一个人到空教室中试讲，设计板书。但课堂实际效果不佳，学生说我把他们讲糊涂了。开始我不理解，自己课堂上一句话也没讲错，而且还特别注意逻辑推理的严密性，怎么会把学生讲糊涂呢？冷静思考以后，才悟出其中道理。我课前根本没有了解学生已经掌握了哪些知识，在旧知识的运用和理解上有什么缺陷，接受新知识会有哪些困难。仅从教材出发，片面强调逻辑推理的严密性，不考虑学生的可接受性，在课堂上滔滔不绝地把一个又一个的结论抛给学生，使他们无法招架。所以教学效果不佳。经过这一堂课，我认识到只钻研教材，不了解学生，在课堂上只想突出自己的"主导作用"，而不设法发挥学生的"主体作用"是无法上好课的。

这位老师的深刻体会告诉我们，教师要把课上好必须要把学生的学习基础把握住。只有根据学生学习基础的实际出发，来确定"讲什么"、"怎么讲"，才能达到预想的目的。

那么学生的学习基础都包括哪些内容呢？

（一）查清学生是否具备学习新知识的准备知识

教师课前首先要了解学生是否具备学习新知识的准备知识，积极有利的要利用，缺陷不足的要弥补。教师备课要根据学生所具有准备知识情况，去分析教材中哪些知识对大部分学生可能成为难点，怎样帮助他们顺利地突破难点。

如自然课中，在"宇宙"单元教学时，学生在学习中就有三大难点：一是观察天空时缺少明显固定的对照物，辨别星空方向很困难。学生看地图时方向是"上北下南、左西右东"，但在看北天星空图时却是"上南下北"，南天星空图是"左东右西"，在进行实际对照时困难更大。观察日食、月食从哪边先开始，难以确定方向。二是对星体的连续长期观察有困难。城市中的灯光干扰、大气污染、高大建筑及江南的阴雨天气都会妨碍观察。三是难以全面准确地模拟星体间的运动，而只能模拟某一方面。根据以上了解，我们在本单元教学就应适当降低要求，避开方向问题，加强对学生观察的指导，充分运用直观教具和电教手段，这样就能提高教学效果。

（二）新课可能产生的困难和障碍

学生在学习新课前时想到什么，有什么困难，有什么要求和希望，掌握这些情况对教师有针对性的教学都是十分重要的。学生在新课中可能产生的困难和障碍主要表现是：

1. 从学习动机看，学生对新课是否有兴趣，爱不爱学。哪些内容能看懂学会，哪些内容看不懂学不会。对课中的人物、事件、政治思想观点会怎么看，怎样理解等。例如《伟大的友谊》一课，学生在自学时产生这样的问题：恩格斯既然厌恶从事商业，为了给马克思以生活上的援助，他为什么又去经营商业？马克思是共产主义理论的奠基人，他为什么穷困到连买邮票的钱也没有？学生对这些基本内容、观点不理解，便无从理解马克思、恩格斯的伟大。

2. 从思维方式看，学生哪些旧的思维方式会影响新方法的引进。课前教师要设法摸清学生的思维方式，才能设计好相适应的教学方法。例如有的学生学过了"果实"这个概念，当问他什么是果实的时候，他们只能

说出可食的果实，如苹果、西红柿、花生等。如果问不可食的果实，如橡树籽、棉籽是不是果实？有的说是果实，有的说不是果实。这正是学生受日常生活和习惯思维的影响造成的。那么为使学生科学掌握"果实"这一概念。教师在讲解"果实"的概念时就不仅要举可食果的例子，还要举不可食的例子。

3. 从教材深度上看，给学生理解上带来困难。如《凡卡》一课，学生预习时感到读不懂，有"乱"的感觉，反映了学生对《凡卡》的写作线索理不清。作为一名优秀的教师应尽可能了解到学生在学习这课书时想到什么，有什么要求和希望，以便选择适当的教学方法。

（三）优、中、差生的学习差异

在理解教材上教师还要从优、中、差生三个层次来分析。在了解学生掌握知识差异上，要调查分析，在统一的教学计划后，哪些学生可能"没吃饱"，需要适当加码，以进一步满足他们求知欲，提高他们的学习能力；哪些学生"消化不良"、"食而不化"，对这样的学生尤其应该考虑如何使他们吃得下、消化掉等。在教学中，教师还要及时了解优中、差、生的变化和进步情况，以便及时给以强化和引导。

四、了解学生对教学方法的意见

教学的科学与艺术，既体现在教学内容上，又体现在教学方法上。教师采用什么样的教学方法进行教学，直接影响学生的学习积极性。因此，教师必须要经常了解学生对自己教学方式方法的意见。

要了解学生对哪些方法适应、哪些方法不适应、喜欢什么样的方法、不喜欢什么样的方法等。福建省寿宁县教阳中学谢世芸老师曾以《我认为语文课应该这样上》为题做了一项调查，现抄录如下，期望给老师以启迪：

（一）课前预习要重视

叶兴发：每当老师讲课的时候，学生还在云里雾中，不知道老师讲什么，你说会学好吗？要克服这种弊病，就要让学生们多预习课文。

范希华：教新课时，得让学生们自己先看一遍，了解课文的内容、中

心、社会背景，体会作者的感情，理解文章的写法，然后再由老师讲解，纠正学生的错误，让学生掌握方法。

缪生兴：预习要分组，引进竞争机制。哪一组答得对，就给加分；哪一组答错了，就扣分。这样会调动学生预习课文的积极性。

（二）课堂气氛要活跃

陆奕岚：上课一开始，老师可以讲一些与课文内容有关的故事，带点笑话，慢慢转入正题，使学生们心理上产生好奇，产生了解课文的欲望。

范齐光：老师要把课讲生动些，讲到人物的语言、动作，可以模仿着讲，模仿着做，不要平淡无奇地一口气讲下去就算了。

（三）上课形式要多样

吴敏：语文课内容广泛，有古的，有今的，还有外国的。可是有的学生却觉得语文课十分单调，只是由老师一个人讲，没意思。

王修敏：有些课文可分角色朗读，有对话的，最好按学生的表演水平，适当让他们扮演角色读。

叶玉凤：上课不要只是围绕书本，可开展智力竞赛、演讲比赛、讲故事等活动，使学生产生兴趣。

（四）锻炼机会要均等

叶兴友：老师提问题多是让学习好的学生回答，对学习差的学生很少提问，致使差生上课不敢发言，心里觉得没有发言的权利。

叶玉凤：以前老师对学习好的学生视同亲生，认为差的学生不可救药，致使差生垂头丧气。我对这次学校让语文考试60分以下的学生参加语文竞赛很高兴，差生觉得自己成为主人了，心里很高兴。

（五）教育方法要巧妙

林道武：如果老师上课发觉学生精神十分疲倦，应该用巧妙的方式放松放松精神，如果一味按自己的思路讲下去，学生就会糊里糊涂。

刘树生：老师不能不管班级纪律，对那些上课不认真、开玩笑的人要好好教育一番。但态度不可鲁莽，要以和为贵，使学生乐于接受。

陆奕岚：上课时，如有学生不注意听了，老师可以走到他的身边提醒他，不要在课堂上当全班同学的面批评他，不给面子，致使他不喜欢这门功课。

五、了解学生中的热点问题

了解学生中最关心的热点问题，对备课也是十分重要的。如追星，过生日，早恋，玩电子游戏，考试与学习负担，收费，与老师、父母、朋友间的关系等。教师要对青少年关心的热点问题进行关注，以更好地和学生进行交流。教师要完成教书育人的任务，就要及时了解和把握学生的思想脉搏。

六、了解学生个性品质差异

个性品质包括学生的观察力、记忆力、想象力、思维力等智力因素，还包括学生的动机、兴趣、能力、气质、性格、自信等非智力因素。

传说孔子有弟子 3000，其中贤者 72 人。为了因材施教，孔子平时对其弟子进行了仔细的观察："视其所以，观其所由，察其所安"，"退而省其私"。经过一段时间的观察，他认为其弟子"柴也愚，参也鲁，师也辟，由也喭"。其意思说高柴不诚实，曾参天性钝拙，颛孙师偏激，仲由则粗鲁。这就是孔子对他的弟子个性差异的分析，因而在 2000 年以前就提出了"因材施教"的重要教学原则。

教师了解学生个性品质差异包括以下几个方面：

（一）智力的差异

一个学生聪明与否，思维反映的快与慢，首先反映在他的智力活动上。所以教师要了解学生的学习活动就必须了解他们的智力状况和差异。

1. 何谓智力

智力属于认识活动的范畴。它是保证人们有效地进行认识活动的比较稳定的心理特点的有机结合。智力是由注意力、观察力、记忆力、想象力、思维力这五个基本因素组成的有机的统一体。构成智力的各因素都发挥自己独立作用，而又存在着密切联系、彼此制约、相互影响的关系。在构成智力的各个因素中，思维是核心。

2. 智商差异

由于遗传，环境和教育的影响及本人的努力，人的智力存在着数量上

和质量上的差异。所谓人的智力存在数量上的差异，是指儿童智力发挥水平在一个大团体中是按常态形式分布的，即中等程度的智商的常态分布曲线人数居多，发展水平越接近极高或极低两端时人数越少。所谓质量上的差异是指有的儿童语言表达能力强，有的儿童数学能力强等。

3. 智力特点差异

智力特点差异就是表现在学生观察、记忆、想象、思维上风格的差异。当然，这种差异总是相对而言。这里需要提出来的是，教师要特别注意了解和掌握"慢智思维型"的学生。通常这种类型的学生是肯学、勤奋，但因为他们思维较之其他同学比较缓慢、反应不够敏感，因此理解、记忆教材能力较差。对这种类型的学生如果教师教学方法顺应他们的认知风格，学习成绩是能够提上来的。如某校有个女生，小学升初中时数学得5分，初二期末考试得了7分，这个学生是被老师认为最笨"神仙也教不会"的学生。后来在一位优秀教师帮助下，初三毕业升学考试数学得了72.3分。可见教师对这部分学生不能抱以放弃的态度。

4. 智力发展早晚差异

心理学研究证明，儿童的成长发育从时间说是不平衡的，有的早一些，幼年时期显露才华，有的中年时期或更晚一些才做出成绩，这大体表现出以下三种情况：

（1）人才早慧。这样的儿童天资聪明，在幼儿园或小学就表现出特有才华，他一般思维敏捷、灵活，反应快，想象力丰富，记忆力好，注意力集中。我国唐代诗人李白"五岁通六甲，七岁观百家"就是属于早慧。

（2）中年成材。大部分人的智力发展到中年达到高峰。有人曾统计1960年前1243位科学家，发明家所做的1911项重大发明创造，画出人才成功曲线，说明最佳年龄为35岁左右。由此看来，中年成才是普遍现象。

（3）大器晚成。由于受遗传、环境、教育等因素的影响，有些人的才华表观比较晚。如大发明家爱迪生30岁后发明留声机、电灯、有声电影等。我国的著名画家齐白石40岁才表现出绘画才能，50岁才成为有名的画家。所以有些学生在校学习成绩平平，甚至很糟，但毕业后显露才华也

是不足为怪的。

（二）个性的差异

学生的个性包括动机、兴趣、爱好、特长以及性格、气质、习惯等。教师在全面了解学生的基础上，要了解每一个学生的个性特点和发展优势。善于发现和了解每一个学生的个性特点和发展优势，并善于引导学生自己认识自己的特点和优势，帮助他们根据自己的特点和优势来选择和确定学习目标方法。教师要努力去发现一些有特殊才能的学生，以便因材施教。

七、了解学生的变化和进步

要全面准确地了解学生，教师不仅要从静态上来了解学生，还要从动态上去了解学生，即及时了解学生的变化和进步。例如学习情绪、学习积极性的变化，组织纪律、兴趣爱好的变化，以及考试成绩、作业情况、课堂表现等。学生的各种变化是时常发生的。这里就以学生的学习情绪变化为例，受到老师的批评或表扬产生的变化，同学之间闹纠纷吵架后的变化，在家里受到叱责或打骂后的情绪变化，考试成绩下降后的情绪变化等，情况往往都有异常表现，或议论纷纷，或窃窃私语，或兴奋激动之情难耐，或情绪低落消沉。那么，教师就应及时了解和发现，及时给予正确的引导。而在教学中，教师特别要注意发现学生的进步，哪怕是微小的进步，都要及时地强化引导，使之体验到学习成功的愉悦，产生巩固自己成绩的力量和继续前进的愿望。

八、了解学生的途径和方法

这里，教师了解学生的途径和方法有很多，但主要的方法和途径有以下几个方面：

（一）观察法

观察法是指教师在日常的教学活动中有意识观察学生的各种行为表现，从而达到了解学生的目的。这是一种比较常用的方法。要提高观察的效果，教师应注意以下几点：

教育创新与课堂优化设计

1．将随意观察与有目的有计划观察结合

随意观察是教师在开展教学活动时随时随地地顺带去观察。有目的、有计划观察是在一个阶段里，就某一个或几个问题，某一个学生或某一部分学生进行有重点、有步骤地观察。

2．现场观察与切身回忆相结合

教师是从学生时代走过来的。学生的今天就是教师的昨天。学生在对待学习可能出现的态度和行为，乃至犯了错误的心情，教师通过回忆自己当年当学生的体会和心情，这种认识就更真切一些。

3．直接观察与心理交换相结合

教师要真正走进学生的心灵，让学生能够同自己谈心里话，就要和学生交朋友，并与学生心交心。如何突破这一岗哨，使学生的心灵和教师的心灵交流呢？最好的办法是和学生一起去参加他们感兴趣的活动，和他们一起唱歌、打球、野游等。当玩得很开心的时候，学生变得无拘无束了，这时他们心灵的岗哨不知不觉地撤掉了，师生心灵之间好像搭起了一座宽阔的桥，感情在交流，心灵在互换，什么心里话都肯告诉老师。教师可以探索到平时在课堂上几年也发现不了的心灵的奥秘。

4．观察与思考相结合

教师的观察不能停留在就事论事上，通过学生的表面的行为方式来窥视，洞察学生的心理状态，为教学服务。如观察下面学生课堂上的四种状态，可了解到学生的学习情况：

（1）凝视状。学生的表现是正襟危坐，聚精会神，目光炯炯有神，课堂鸦雀无声，这是外静内动，说明学生对老师讲的内容有了兴趣，在积极听取老师的讲授。

（2）活跃状。学生的表现是认真思考、神情愉快，时而议论纷纷、时而积极发问，课堂活跃，这说明学生对知识心领神会，豁然开朗，积极主动地摄取知识。

（3）睡眼状。学生的表现东倒西歪，眼光呆滞，愁眉苦脸，无精打采，这是外静内也静，说明学生对老师讲的内容厌烦，虽然规规矩矩，但是对老师讲授内容却听不进去。

（4）疑虑状。学生的表情是疑惑不解，凝神思索，交头接耳。这说明学生对老师讲授的内容没有搞清楚，产生疑虑。

此外，教师还可以通过听学生朗诵、说话、讲演，对批改分析学生作业、试卷，检查学生预习笔记，阅读学生随笔周记，建立和查阅学生档案等方式来了解学生。

第四节　优化教案编写

　　教案也称课时计划，它是教师经过备课，以课时为单位设计的具体教学方案。由于中小学生的知识基础和认识能力所限，他们还不可能系统地、完全独立地直接学习教材，这就需要教师在教材与学生之间架起一座桥。这座桥就是课堂教学。为了让学生顺利通过这座桥，教师就要做好两个转化工作：一是把教材转化为教案，二是把教案转化为教学实践。可见，编好教案也是十分重要的。

一、教案编写的误区

　　目前，教师在编写教案中有如下误区：

　　（一）搬家式教案。这种教案是未曾备课，早有产物，不经自己独立思考，钻研教材，照搬教参来写教案。

　　（二）应付检查式教案。这种教案不是为了自己教学所用的，是为了应付领导检查采写的。从表面看，十分工整规范，而在教学环节的安排上只是应应景，点点卯，摆花架子。在教学内容的处理上，缺乏系统的整体观念，脱离学生的实际情况，或十分详细，或过于简略。

　　（三）缺少创新的教案。这种教案演戏传统教学方法，"五大环节"俱全，知识序列比较清楚，但没有创新，教法序列不清楚。

　　（四）题解、习题式教案。这种教案多反映在理科，前边是例题解法，最后是布置作业，具体的教学过程、步骤体现不出来，是一种残缺的

教案。

（五）课本教案。这是在课本的空白处批注几笔的做法。这种教案对少数教学经验丰富和负担较重的老师，为了减轻负担，偶尔用之，未尝不可，对于大多数中青年教师可万万使不得。

二、教师编写教案的原则

怎样的教案才算是一个好教案呢？因学科不同，年级不同，教师不同，评价教案的标准也有所不同，不可能有固定的模式。通常，教师编写教案应掌握以下几项原则：

（一）符合科学性。教师要认真贯彻大纲精神，按教材内在规律，结合学生实际来确定教学目标、重点、难点，设计教学过程。

（二）加强创新性。教材是死的，教法是活的，课怎么上全凭教师的智慧和才干。从课本内容变成胸中腹案，再落在纸上，形成书面教案，继而到课堂实际讲授，关键在于教师要能"学百家，树一宗"。在自己钻研教材的基础上，广泛涉猎多种教学参考资料，向有经验的老师请教，对别人的经验进行一番思考、消化、吸收，然后结合个人教学体会，巧妙地构思、精心安排，从而写出属于自己的教案。

（三）注意差异性。教学有法，但无定法。教学方法没有固定不变的，教师的教案就不能有统一的模式。一个好教案，无论是简还是繁，应立足于实际教学需要，适用于那一班学生，适合于老师自身操作。

（四）讲究艺术性。教案要构思巧妙，能让学生在课堂不仅学到知识，而且得到艺术的欣赏和快乐的体验。教案设计不应是千篇一律的流水账，要巧妙构思，使其成为一篇独具特色"课堂教学散文"，或者是一幕幕短剧。

（五）强调操作性。教案是教师上课的一种方案，是"施工图纸"。它贵在使用，能操作。

（六）考虑变化性。教师在备课时应充分估计学生在学习时可能提出的问题，确定好重点、难点、疑点和关键。学生能在什么地方出现问题，大都会出现什么问题，怎样引导，要考虑集中教学方案，出现打乱教案现

象，也不要紧张，要因势利导，耐心细致地培养学生的进取精神。

三、教案的内容构成

总的来说，教案应包含以下十项内容：

（一）课题（说明本课名称）；

（二）教学目的（或称教学要求，或称教学目标，说明本课所要完成的教学任务）；

（三）课型（说明属新授课，还是复习课）；

（四）课时（说明属第几课时）；

（五）教学重点（说明本课所必须解决的关键性问题）；

（六）教学难点（说明本课的学习时易产生困难和障碍的知识点）；

（七）教学过程（或称课题结构，说明教学进行的内容、方法、步骤、措施）；

（八）作业处理（说明如何布置处理书面或口头作业）；

（九）板书设计（说明上课时准备写在黑板上的内容）；

（十）教具（或称教具准备，说明辅助教学使用的工具）。

第五节　优化说课技术

　　说课，是教师以教育教学理论为指导，在精心备课的基础上，面对同行、领导或教学研究人员，主要用口头语言和有关的辅助手段阐述某一学科课程或某一具体课题的教学设计（或教学得失），并与听者一起就课程目标的达成、教学流程的安排、课堂教学重难点的把握及教学效果与质量的评价等方面进行预测或反思，共同研讨进一步改进和优化教学设计的教学研究过程。

　　在新课程实施过程中，教师对教学的反思能力逐渐受到重视，说课就体现了教师对于自己教学设计的反思，不仅要说"教什么"、"怎样教"，还要说"为什么这样教"。说课，是课堂教学研究活动中的一个基础性环节，也是贯穿于整个教学研究过程中的一个常规性内容。一般说来，完整的说课应该包括以下几个方面的内容：

一、说教材——阐述对教材的理解

　　说课，首先教师要说明自己对教材的理解，因为只有对教材理解透彻，才能制定出较完满的教学方案。说教材目的有两个：一是确定学习内容的范围与深度，明确"教什么"；二是揭示学习内容中各项知识与技能的相互关系，为教学顺序的安排奠定基础，知道"如何教"。

　　一般而言，说教材包括两个方面内容：

　　（一）把握教材

　　在认真阅读教材的基础上，说明教学大纲、课程标准对本年级的要求。

说明课时教学内容在节、单元、年级乃至整套教材中的地位、作用和意义。

（二）明确重点、难点

分析教材的编写思路、结构特点以及重点、难点。这就要求对教材内容作知识点分析。教师说教材一定要说明确定教学的重点、难点，以及确定的教材依据和学情依据。即说明本课的重点、难点是什么，这些重点、难点根据是怎么提出来的、解决难点的关键是什么。如果所选的内容需要2 课时或 2 课时以上，则还要就每课时的教学重点与难点作出说明。

二、说教学目标——明确提出本课时的具体教学目标

教学目标是课时备课中所规划的课时结束时要实现的教学结果。课时目标越明确，越具体，反映教者的备课理解越充分，教法的设计安排越合理。说课中要注意避免千篇一律的套话，要从识记、理解、掌握、应用四个层次上分析教学目标。分析教学目标要从思想目标、知识目标、能力目标三个方面加以说明。

教学目标有三大来源：一是来自学生的学习需求，二是来自学生的现实生活，三是来自教材的学习素材。从确定教学目标角度而言，教材的价值及其研究重点在于：第一，提供学习内容的知识结构和逻辑关系；第二，确定教材所反映的知识结构和逻辑联系同学生认知特点的结合点；第三，确定教材所反映的知识结构和逻辑联系同学生现实生活情景的结合点。以"学生的全域发展"作为标准，教学目标可以分为知识技能、过程与方法、情感态度与价值观三个方面。

三、说学情——分析教学对象

说学情，主要是说学生的学习，学情包括学生年龄特征、认知规律、学习方法及已有知识和经验等在内的总和，它是教师组织教学活动的依据，是学生学习新知识的基础。下面是人教版九年级化学第六单元课题2《二氧化碳制取的研究》的学情分析：

（一）说已有知识和经验

1. 在日常生活和小学自然学科的学习中，学生对二氧化碳的性质及

获取二氧化碳的几种途径有了一定的生活体验和积累。为此，在进行本课题教学时，要充分利用这些经验创设教学情境，使学生在小组讨论中对实验室制取气体的几个基本原则有一个大概的了解。

2. 学生在课题"制取氧气"的学习中，已初步了解了气体的制取不仅要考虑反应原理，还要根据药品的状态、反应条件、气体的性质等来选择发生装置和收集装置。因此，在进行本课题教学时，要善于采取对比的方法组织讨论和交流，使学生在回忆、对比、分析、归纳、实验等过程中形成制取气体的气氛和技巧。组织讨论和实施探究是学好本课题的重要方法。教学中，要充分利用教材所呈现的一组实验室制取二氧化碳的常规仪器模型，组织用拼凑图片的方法来探究实验室制取二氧化碳的有关原理。为此，建议把这些图片复印放大，让学生先通过拼凑这些仪器模型的方法来设计实验室制取二氧化碳的发生装置和收集装置，再组织小组交流与展示，从中培养学生的创新意识。

（二）说个性发展和群体提高

同以往试管实验探究活动相比，本课题设置的模型探究活动对学生来说更具有强烈的挑战性，要求学生不仅要有一定的动手能力，还要有更强的抽象思维能力。因此，在学习过程中，尤其要关注那些平时动手能力比较弱的学生，鼓励他们大胆动手、勤于思考、敢于质疑，使他们积极参与到整个探究活动中，而对那些平时动手能力较强的学生，要积极引导他们学会合作、学会交流，在动手操作中养成善于争鸣、勇于创新的科学态度，使各类学生通过本次探究活动，都能有所收获、提高和发展。

四、说教法——介绍选择哪些方法手段

说教法，就是在分析教学内容、教学目标及学生学习情况的基础上，说出选用的教学方法和教学手段，以及采用这些教学方法和手段的理论依据。

教学方法和教学手段的选择与应用对课堂教学的效果起着重要的作用，它需要教师在教学过程中不断实践、反思。说教法的过程促进了教师深入反思某一种教学方法和手段，积累方法选择与应用的经验智慧。随着教学理论的发展，教学方法的类型日益丰富多样，现代化的教学手段也不

断应用于教学过程中。这更需要教师反思教学方法，实现教学方法的最优化，让自己的教学充满时代感。在说课中，教师有必要把自己选择教学方法的理论依据及其特色之处说出来。

再来看苏教版四年级上册语文第七单元《雾凇》的教法说明：

（一）情境教学法。学生思维正处在由形象思维向抽象思维过渡的阶段，抽象思维的发展很大程度上依赖于形象，而且他们的生活经验有限，对课文描绘的雾凇奇观很陌生，仅凭想象和抽象的语言文字难以深刻感受、领悟。因此，教学时将通过精美的课件，把学生带入美的情境，激发学生的学习兴趣，缩短学生与课文内容的距离，让学生充分感受到雾凇的形象美，深刻领会课文的语言美。

（二）质疑讨论法

课文重点部分介绍了吉林雾凇形成的原因，我将仅仅扣住雾凇之奇，鼓励学生质疑：雾凇是怎样形成的？为什么其他地方很少出现？然后引导小组合作探究、全班讨论交流，培养学生的问题意识，提高发现问题、解决问题的能力。

（三）说学法

为激发学生的好奇心、求知欲，发挥他们的主动意识和进取精神，本课采用自主、合作、探究的学习方法。精心创设问题情境，让学生以小小旅行家的身份，主动发现问题，运用反复阅读、请教师长、查找资料等方法合作解决问题，培养团队精神和合作探究能力，提高语文素养。

说教学程序是说课的重点部分，因为只有通过这一过程的分析，才能看到说课者独具匠心的教学安排，才能反映教师的教学思想、教学个性与教学风格，也只有通过对教学程序的阐述，才能看到其教学安排是否合理、科学和艺术。一般地，说教学程序应关注以下几个环节：

（一）教学教具准备

教具学具准备，就是教师为提高教育教学活动的质量，根据授课内容的安排或优化教学过程的需要，选择使用如挂图、幻灯、录像带、录音带、新闻图片、实验仪器、计算机、网络等教学媒体。说课时，这部分内容一般可结合在具体教学环境中体现，也可单独列出。

（二）设计思路

设计思路，就是对教学流程主要环节的概括。说设计思路，有助于听者更清晰地了解和把握说课者关于教学活动的整体安排。例如，科学探究教学的设计思路一般可表示为：创设情境——提出问题——猜想与假设——制订计划——进行实验——收集证据——解释与结论——巩固运用等。这一环节，可以单独列出，也可以隐含在教学流程中。像给学生上课那样详细讲解，而要力争做到详略得当，重点内容重点说，难点突破详细说，理论依据（包括教学法依据、教育学和心理学依据等）简单说。只要让听者知道"教什么"、"怎样教"、"为什么这样教"就行。

（三）板书设计

板书设计，视具体说课的要求而定。一般地，若是教学研究活动中的说课，这一环节可以省略；但若作为业务评比，则可在说课的过程中直接在黑板（或幻灯片）上演示就行。下面是人教版高中生物第一册第三章《光合作用》的教学程序设计：

1. 复习旧知识，引入新课题

师生共同复习初中阶段学习过的光合作用的概念，并写出光合作用的反应式。根据概念和反应式，引导学生指出光合作用过程中的原料、产物、条件和场所，使学生对光合作用有一个大致的认识。紧接着教师提出问题：（1）光合作用是怎样发现的？（2）光合作用是怎样进行的？（3）光合作用对于人类的生产和生活，对于自然界、生物界有什么意义？通过复习旧知识、创设问题情境，自然引出问题，激发起学生的学习欲望，很自然地引入新课教学。

2. 新课教学

（1）光合作用的意义

①引导学生认识到在日常生活中一日三餐的主食，分别来自动物和植物，而不论肉食动物还是植食动物，其食物最终均来自植物，而绿色植物通过光合作用合成有机物和储存能量来源。以这种联系实际生活、层层深入的讨论方式进行教学，有利于使问题简单化，激发学生的学习积极性。

②从化学中已学过的空气组成成分的知识可以知道，空气中氧气含量

约为21%，二氧化碳含量约为0.3%。随即话锋一转，提出问题：人、动物、植物每时每刻都在进行呼吸作用，消耗氧气，释放二氧化碳，而且燃料燃烧等过程每时每刻也均在消耗氧气，释放二氧化碳。那么，为什么大气中的氧气和二氧化碳还能维持相对稳定呢？以此来活跃课堂气氛，激发学生的参与意识，培养学生善于思考、分析问题的能力。

③向学生阐明，在地球形成初期，地球上的原始大气中无氧气，那时的生物是厌氧生物。自从蓝藻在地球上出现，并进行光合作用向大气中释放氧气，从而使地球上其他进行有氧呼吸的生物得以产生和发展。又由于一部分氧气转化为臭氧层，有效地滤去了紫外线，从而使水生生物转向陆地生活。这样，以氧气为主线，说明光合作用在生物的进化过程中起着十分重要的作用，使学生对所要知道的知识逻辑化。在教学中，引入臭氧层破坏对动植物和人类带来的巨大危害，引发学生对自身生存环境产生兴趣，培养学生的科学素养和积极学好生物知识的意识。

（2）光合作用的发现

课前指导课外活动小组重做普里斯特利和萨克斯实验，课堂教学技能间由小组代表向全体同学汇报实验过程和结果，并投影表格，指导学生依据教材和插图把表格补充完整。通过设计科学的探究实验，引导学生向科学家们学习，学会科学的探究思路，大胆地设计实验，培养学生在具体设计实验的方法步骤中，理解"对照"和"单一变量"原则，以及对实验结果分析处理、得出结论的能力。

（3）叶绿体中的色素

指导学生通过实验对叶绿体中的色素进行提取和分离，而后依据实验现象和实验原理进行观察和分析，从而得出结论。

在教学过程中，指导学生从以下几个方面进行观察探索：①弄清实验的原理，培养学生实事求是、有根有据的科学思维方法。②弄清实验的方案，对影响实验结果的问题倍加注意，初步培养学生实验操作能力，提高实验成功率。③亲自动手，独立实验。教师巡视，增强学生的自信心，培养学生的自学能力和独立能力。④以小组为单位，互相交流。师生共同探讨各组实验的优缺点，确定最佳实验小组。这种实验探索教学即让学生独

立实验—小组讨论合作—各组讨论交流—师生共同补充、整合、完成实验步骤，层层递进，让学生在原有能力的基础上，互相学习，取长补短，在教师的点拨下逐步克服困难，取得进步。

（4）光合作用的过程

光合作用是生物界最基本的物质代谢和能量代谢，光合作用的过程是本节重点，也是难点。从总体上讲，光合作用是一个氧化还原的过程，在绿色植物体内，由叶绿素吸收的光能作为反应的动力，使一个很难被氧化的水分子产生 H 去还原一个很难被还原的 CO_2 分子，使一个基本不含能量的 CO_2 变成一个富含能量的有机物，其中所含的能量又是由人和动物不能直接利用太阳光能转化而来的。这个反应在植物体外的常温、常压下是很难实现的。光合作用过程分为光反应和暗反应阶段，要通过光反应的条件和生成物、暗反应的条件和生成物有几种来理解、掌握。这样学生对光合作用的光反应和暗反应就有了一个大致的理解，能够解答一些常见问题。另外，采取播放多媒体课件进行教学，能使抽象的问题具体化、直观化和形象化，培养学生的理解能力。

（5）课堂小结

一堂成功的生物课，不仅要让学生学到生物学知识，还要让学生学到一定的生物学方法，甚至形成一些基本的生物学思想。本节内容在经过 3 课时的教学后，要让学生总结本节学过的主要内容，将这些知识同化到原有的知识体系中去，以形成新的知识体系。学生总结后，视学生总结的情况作一定的补充，指出学习生物的基本方法是实验观察和综合分析法，通过对实验现象的观察和知识结构的分析得出结论，并且让学生学会这种基本方法。

（6）布置作业

根据本节内容，布置 P57~58 复习题 1~4 题为课外作业。通过具体的题目进行针对性的练习，能巩固所学知识，实现学习的迁移，加深对重点和难点的理解。

3. 板书设计

简明扼要地将每节课的主要内容展示出来，使知识结构网络化、体系

化，帮助学生加深对重点知识的理解和记忆。

许多教师开始说课都会感到陌生和畏难，可以循序渐进分三个阶段进行：

第一阶段，"赶鸭子上架"。即每人每月必须在全组说课一次，说课前由个人充分准备，然后在全组说课，从后台到前台当演员，逼着大家提高教学艺术。

第二阶段，"跟着别人学走路"。要求在个人准备的基础上和别人研究，或者同一课教材，在听了别人的说课之后，自己修改教案再说。做到学别人的长处，改自己的短处。

第三阶段，"熟能生巧"。强调实练、苦练、反复练，练出硬功夫，练出新路数。

一般而言，教师在说课中应注意以下几个问题：

（1）说课不是备课，不能按教案来说课。

（2）说课不是讲课，教师不能把听说课的教师和领导视为学生，如正常上课那样讲。

（3）说课不是备课，也不是"读课"，要突出"说"字。既不能按教案一字不差地背下来，也不能按说课稿一字不差地读下来。一节成功的说课，一定要按自己的教学设计思路，有重点、有层次、有理有据、口齿清楚地表述。

（4）说课的时间不宜太长，也不宜太短，通常可以安排一节课的 1/3 到 1/4 的时间。

（5）注意发挥教师自身教学个性和创新精神，防止生搬硬套专业期刊上的内容。

（6）注意运用教学理论来分析研究问题，防止就事论事，使说课处于初级阶段层次的水平。

（7）注意避免过于表现"理论依据"，脱离教材、学生、教师实际，空谈理论。要提倡创新，但不能全盘否定常规教学，不能全盘否定传统教学思想和方法。

第三章 做好教学备课

第四章　优化课堂教学

　　课堂教学设计对教师来说，并不陌生，每个教师只要备课，写教案，就都在进行设计，只不过这种设计是自觉或不自觉，是科学或不科学而已。课堂教学总体设计是备课中最关键的一环。教师在教学中要做到教学目标、教学内容、课堂结构、教法和手段的最优化。本章就从素质教育的现代教学观探讨一下优化课堂教学设计的具体问题。

第一节　课堂教学概念

所谓课堂教学设计，是指课堂教学的设想和计划。即在课堂教学工作开始之前对教学的预谋和筹划。课堂教学设计有以下特点：

一是规划性。课堂教学设计实际上是对整个教学过程的各项工作做一个规划，如教学目标编制，教学重点、难点的确定，教学方法与手段的筹划等。有了整体规划，教学工作就会有条不紊地运行。

二是超前性。既然教学设计是对教学的预谋和筹划，那它就具有一种超前性。在对教学做总体设计时，教师通过思考、预测教材内容、学习环境、教师的行为可能引起的效果，以及学生可能作出的反应，并借助于想象在头脑中拟定操作蓝图，以期达到教学工作的目的。

三是创造性。教学是一种创造性劳动，而这种创造性就集中体现在教学设计这个关键环节上。

四是操作性。教学设计的结果是形成一种最优教学方案，也是一种工作程序。因为有它的目标、实施方法步骤，故有一定的操作性。

当前课堂教学设计中，不重视课堂教学设计或不善于课堂教学设计，目前在中小学并非个别现象。如有的课堂教学缺乏总体设计，粗糙而简单，而教学效果就必然是时间用得多，精力用得多，而收效与投入不成正比。这也是造成教学质量低，学生负担重的一个重要原因。所以提高课堂总体设计水平是刻不容缓的工作。根据素质教育的现代教学观和广大优秀教师成功的教学实践总结，以下课堂教学设计思想应该成为教师优化课堂

教学总体设计的科学依据和技巧：

一、以设疑激趣为先导

一节成功的课堂教学设计首先要解决学生想学爱学的问题。众所周知，作为学生的学习材料——教材，它具有两面性。既有生动形象有趣的一面，也有抽象、难懂、枯燥的一面；既有系统、条理、规范的一面，也有繁杂、零散、正统的一面。这给学习提供了方便，也给学生学习带来了困难。如果教师不做课堂教学设计，只是照本宣科，枯燥乏味地去讲授又怎能唤起学生强烈的学习愿望呢？教师的教学总体设计就是通过对教材的巧妙处理和教学过程的组织筹划，调动学生学习的积极性，让学生产生想学、爱学的心理。

学生的大脑好像是一部机器，有一个发动的过程。如何进行发动？疑难和兴趣是引发学生学习兴趣两个重要因素。因此，教师要以设疑激趣为先导，通过设置悬念、创设情境、让学生动脑动手等教学手段，激起学生强烈的求知欲，让学生产生学习需要和兴趣，主动参与新知识的形成过程，这样学生就会学而不厌，其乐融融。

孔子说，不愤不启，不悱不发。"愤"即积极思考而又搞不懂的一种心理状态，"悱"即口欲言而未能的一种局面。如果我们的教学能做到首先使学生进入一种积极的心理准备状态，创设学生认识需要与自身已有的认识水平之间的矛盾，使其想知道可又一下子弄不懂，口上想表达可又一下子说不清楚，在这种使学生萌发了高涨的学习情绪和对知识渴求的状况下再引导学生拾级而上，势必收到事半功倍的教学效果。教师在设计教学中以设疑激趣为先导就是要创造"愤"和"悱"的一种局面，把学生引进一个想学、爱学的天地里。

二、以揭示规律为重点

什么是规律？规律是事物本身固有的必然本质联系和必然发展趋势。所谓以揭示规律为重点，就是教师在进行教学设计时要紧紧抓住教材中的有典型性、有代表性的知识和关键环节，化繁为简，化难为易，从而达到

举一反三、以一当十的教学目的。

揭示规律与指导学生学法，教会学生学习是密切关联的。教师要在揭示教材规律的同时进行学习方法的渗透。

揭示规律，指导学法．就是要让学生"观其大略，抓住实质"，防止学生拘泥于细节、面面俱到、不分主次、忽略理解而偏重记忆的做法。

揭示规律，指导学法．就是让学生通过老师的"举一"而达到"反三"的目的，也就是既掌握规律又学会方法，既学习知识，又提高了能力。

三、以思维训练为核心

思之，思之，鬼神通之。思维是人类智慧的标志。一个学生是否聪明总是要看他是否有思维能力，所以培养和训练学生的思维能力是每个教师的神圣职责。教师在进行各科教学设计中都应以思维训练为核心。

谈到思维训练，有的老师不以为然，他们以为知识尚不能讲明白，哪里还有时间和精力去搞思维训练，这种想法是有偏颇的。

我们知道，学生学习知识也是离不开思维的。这里更不要说如何培养智慧的学生了。语文的阅读与写作，数学的判断与推理，物理的动手实验，哪些能脱离思维呢？一个缺乏思维能力的学生又怎能学好各科知识呢？

数学特级教师胡炯涛说："数学教学姓'思'，即思考、思维。数学教学除使学生掌握一些必要的数学知识外，主要是为了使学生变得聪明，变得坚毅。数学教学的方法三要应激发学生思考的热情，使学生会思考、善思考、勤思考。数学教学过程就是数学思维过程。"

目前学生在课堂上的思维有两大弱点：一是思维惰性，由于思维领域狭窄，思维能力欠缺，往往不愿多想、细想、往深处想，思维呈现板滞状；二是思维奴性，学生往往只能求同，不善求异，这是在知识面的一种奴性表现，这就需要教师在思维训练中，巧设问题来启发他们。教师一方面要打破学生思维的板滞状态，使学生思维活跃起来；另一方面要发展学生的求异思维，批判思维、辩证思维能力，使他们养成比较、辨析、批判

筛选的习惯。

以思维训练为核心，教师在设计教学中，关键在一个"寓"字。寓思维训练于学科教学之中，而不是在完成了预定的教学任务之后，另外添加的教学内容。如语文课上，应该寓思维训练于读写听说之中，而不是撇开书本另搞一套。

学生的思维训练的内容有很多，这里介绍两个方面的主要内容：

（一）思维品质训练方面

1. 思维敏捷性——表现反映性，能看出问题本质，能迅速地作出判断，准确迅速地进行计算。

2. 思维灵活性——表现在思维方向灵活，即从不同角度、不同方面，用多种方法来思考问题；运用各种法则、公理、规律的自觉性高；注意能力的迁移，能举一反三。

3. 思维的深刻性——它反映在思维过程中，善于概括归纳、逻辑抽象性强、善于抓事物的本质开展系统的思维活动。

4. 思维的广阔性——表现在思考问题想得宽，想得远。这里有两个要素，一个是思路通畅，一个是思维面广。

（二）创造性思维训练方面

未来社会竞争的一个重要方面是创造力的竞争，谁的创造力强，谁将走在前列。目前国外一些先进国家都十分重视对学生创造力的培养，而我国的应试教育却扼杀学生的创造力，所以在落实素质教育中，必须重视学生创造性思维能力培养。那么什么是创造性思维？它是指对已知事物和未知事物进行前所未有的思考。

以下是创造性思维的特点，同时也是教师寓学科教学中训练的重点。

1. 发散性——这是训练学生不拘泥于一种答案。想问题向四面八方展开，从多方向、多角度，多途径地求索答案。

2. 求异性——不苟同于传统的或一般的答案或方法，常提出与众不同的设想。

3. 逆向性——打破常规，从对立的、颠倒的、相反的角度去思考问题。

四、以精讲精练为方法

在有限的课堂教学时间里，要完成众多的教学任务，最好的方法就是精讲精练。过去我们曾提出过"精讲多练"的口号，显然，目前这个口号已不适宜。何为"多练"。课堂练、早自习练、晚自习练、节假日练，题海茫茫，如果把这些作为"多练"大加肯定的话，这可就苦了孩子了。效果也并非一定就好，我们需要的是讲要精，练也要精。

什么是精讲精练呢？精讲，是以完成教学任务和学生的实际水平为依据，以科学的艺术的教学方法为手段，做到要言不烦的适度讲解。精练，就是以完成教学任务和学生的实际水平为依据，以科学的艺术训练措施为手段，做典型而有针对性的适量练习。

关于"精讲精练"的操作，宁鸿彬老师提出的"三精两适"很有参考价值。这里的"三精"指：

（一）内容精要。即是抓住教材的精华和要点，作具有针对性的讲和练。练还应具典型性。

（二）方法精巧。即是讲重在力求化繁为简，变难为易；练重在力求一举多得，以少胜多。

（三）语言精炼。即是讲解的语言和练的表述，都要做到要言不烦，一字千金。

这里的"两适"指适度、适量。即讲和练，难易要适度，要适量。

五、以多感官参与为手段

让学生动口、动手、动脑，多种感官参加学习活动能提高教学效果。这是因为：

首先，可能使学生参与教学活动，由被动变为主动。如学生通过操作学具，亲手实验等，边想、边做来感知事物，领悟概念原理等。一方面能发挥学习的主动性和积极性，另一方面，又会有真情实感的切身体会，这是学生单凭听或看所不能完全获得的。如学生通过称一称、掂一掂、量一量来建立"千克"和"克"的重量单位，就比教师单纯讲效果要好得多。

其次，能大大提高感知效果。俗话说，"耳听为虚，眼见为实"、"百闻不如一见"，这些都说明在人获取感性知识的时候，各种感官活动有互补作用；各种感官协同活动，既能减少感知材料的错误，又会加深对知识的理解和记忆。

再次，提高学生记忆效果。心理学的研究成果表明，学生的记忆因各种感知觉器官参与的不同而产生差异，表示如下：记忆的内容、材料，看到的书面材料，听到的信息，目睹的情景，边看边听获得的内容，听到看到并经自己转述的材料，读过说过并动手操练过的材料。

既然学生多种感官参加教学活动能增加教学效果，教师在进行教学设计时就要根据学科教材特点和学生的实际，充分考虑如何让学生在教学中动脑、动口、动手，给他们实际操作的机会。

六、以思想教育渗透为宗旨

在教学总体设计中，教师还须遵循的一个主要思想，就是思想教育渗透问题。

苏霍姆林斯基认为，教师不仅仅是知识的传授者，而且是塑造一代新人的"雕塑家"。他启发教师说："应当记住，你不仅仅是活的知识宝库，不仅仅是一个专家——善于把人类的智力财富传授给青年一代，并在他们心灵中激起求知欲望和点燃热爱知识的火花。你更是塑造一代新人的雕塑家，是不同于其他雕塑家的特殊雕塑家。教育人，造就真正的人，就是你的职业。"他还说："只有首先成为一个优秀的教育者，才有可能成为一个优秀的任课教师。"

苏霍姆林斯基的话启示我们，作为教师不能只做"教书匠"，而要做一个既教书、又育人的"灵魂工程师"。课堂上的思想品德教育不在于"灌输"和"说教"，而在于寓思想教育于学科教学之中，"寓"就是渗透。要做到"寓"，教师在设计教学时要体现有意、有机、有序、有效。"有意"，就是要有德育意识，即要在教学过程中有意识强化思想教育，将德育要求与知识传授、能力培养要求放在同一教学目标上。"有机"就是要使德育有机渗透在知识载体中，贯穿在课堂教学全过程。这是教材的内

在要求，不是穿靴戴帽，牵强附会，而是题中应有之义，水乳交融，有机联系。同时，还应适度，不能把文化课上成政治课，重蹈"文化大革命"时突出政治的覆辙。"有序"就是各科寓德育于教学之中，在内容上、层次上要紧密围绕大纲要求，努力形成思想教育的序列。"有效"是思想教育效果好，不能只图形式。

以上"四有"是密不可分的，以"有效"为中心，"有意"是前提，"有序"是基础，"有机"是关键。"有效"既是预期目的，又是检查标准，"有效"既是指教学目标的落实，又是指教育目的的实现，是教育教学的整体效益。

七、以整体教学为目标

从系统论上讲，教学是个整体，教师无论讲一课书也好，讲一节课也好，都要从整体上去考虑问题。即要从整体出发，全面构思。要研究各要素的优化，使各要素的功能和目标服从教学总的最佳目标；又要研究各要素之间的协调配合，形成优化整体，最后取得优化课堂教学效果。

教学整体设计的最佳效果应做到四项优化：

（一）教学内容整体优化——让知识系统化。

（二）教学目标整体优化——知识、能力、思想和谐统一。

（三）教学活动整体优化——教与学，师与生和谐统一。

（四）学生发展整体优化——智力因素与非智力因素和谐统一。

以上教学设计的整体目标，既是出发点，又是归宿。

课堂教学的总体设计原则应是"先大后小"，"先粗后细"。即先从总体上确定框架，而后对每个教学环节和手段再作具体的精雕细刻。

课堂总体设计的程序可分以下七个步骤：设计内容、分析、编制、确定、设计、筹划、形成。一节课有了整体构思以后，这仅仅是有了教学思路和框架。要真正设计好一节课，还必须对每个教学环节、步骤、手段进行精雕细刻，使教学设计既有科学性，又有艺术性。出色的教师不只是把讲台看作是传授知识的场所，而是把它看成展示才华的窗口，生命闪光的舞台。所以他们在课堂设计时不是草草率率，而是呕心沥血，孜孜以求，

去创造具有独特艺术魅力的教学。苏州市霞泽中学的汪兆龙老师所追求的课堂教学三境界就取得很大成果。他提出来的语文课堂教学结构，开头应：引人入胜；中间应：波澜起伏；结尾应：余音未绝。这就是精雕细刻的结果。

第二节　教学目标优化

　　教学目标，即教学中师生所预期达到的学习结果和标准。它是教学的根本指向和核心任务，是教学设计的关键。

　　具体讲，教学目标是由一系列具有层级关系的目标组成的目标群，包括远程目标，即国家规定的教育目的，它属于最高层次；中程目标，即各级各类学校的培养目标，它是远程目标的下位目标；短程目标，即课程目标、单元目标和课时目标，它是对教育目的和培养目标的具体化。目标包括感知、理解、运用、分析、综合、评价；情感目标包括接受、反应、形成价值观念，组织价值体系、形成价值情结（意即渗透到个性心理之中）；技能目标包括观察、模仿、练习、适应。

　　在学习了布卢姆的目标教学理论以后，我国经过十几年的研究，目标教学取得了很大的成绩。就教学目标的分类和体系，教育理论工作者和教育实际工作者都有不同的研究成果。但是对有些问题尚未取得完全一致的看法，甚至是众说纷纭。不过，目前大多数人把课时教学目标习惯的分为：

　　（一）思想情操目标（形成科学世界观、良好品德情操）；

　　（二）文化知识目标（掌握系统的科学文化基础知识）；

　　（三）智力能力目标（形成基本技能，开发智力，培养能力）。

　　为了提高教学目标的操作性，广大教育工作者和科研工作者结合各个学科实际对教学目标又进行了分级、分项的研究，并取得了一定的突破和

进展。如甘其勋老师对语文学科提出了教育目标的三维结构：

教育目标体系思想情操：1．认知；2．情感；3．意志；4．行为；5．人格。

智力发展：1．识记；2．理解；3．分析综合语文能力。

朗读与默读：1．阅读能力；2．写作能力；3．说话能力。

一、存在问题

令人遗憾的是目前在中小学教学中，教学目标的确定和编制还存在许多误区，其表现如下：

（一）机械照搬

有些教师，不是通过自己一番劳动编制出切实可行的教学目标，而是把参考书上的"教学目的"照抄下来。翻开参考书会看到，有些参考书的教学目的制订一般比较笼统空泛，条目繁杂，专业术语堆砌。如数学应用题教学中提出"提高学生分析解题能力"、"发展学生初步逻辑思维能力"。这样的教学要求对一门学科、一个单元可以，但作为一堂课的课时教学目标则缺乏明确导向性，难以落实到教学过程中去。再则缺乏质和量的具体规定，很难为教学评价提供可检测的依据。

（二）应付差事

有的老师为了图省事，随心所欲地写上几个"教学目标"，而对几项教学目标的确切含义并非真正理解。这样教学目标仅是教案上的"装饰品"，并无真正的指导意义。

（三）随心所欲

有些教师编制教学目标不是依据大纲教材和学生实际，而是根据自己知识多寡、兴趣爱好，随心所欲制订教学目标，甚至不去制订教学目标。在课堂上高兴了就多讲，不高兴就少讲；好讲的地方就多讲，难讲的地方就少讲，自己知道多的地方就夸夸其谈，随意发挥，自己懂得少的地方就少讲，甚至不讲。这种脱离教学大纲的做法，势必会给教学带来极大的危害。

（四）不确切

有的教师由于不能系统、全面地掌握教材，制定目标存在要求偏高的

问题。

二、主要原则

教师在编制教学目标时要注意以下原则：

（一）差异性原则

差异性原则就是教师在编教学目标时要有弹性，既要有统一要求，又要有区别对待。它的基本方式是"上不封顶，下要保底"。基本做法是对不同层次的学生，制订不同水平的弹性目标，教学目标的低限是要求全体学生必须达到的最基本的目标，对于不能达标者，要采取补救措施，帮助他们及早达标。对学有余力的学生，则要求他们在达到目标的高限后，还应达到专为他们制定的横向拓宽的目标，促使他们脱颖而出。

温州市广场路小学多年来在分层次教学研究中取得了突出成绩，例如他们设计的分层次课堂书面作业练习题，就充分体现了教学目标的差异性：

对能力强的学生，要求高一些，设计一些富有思考性的题目，让他们独立完成，进行创造性思维训练。对于中等生，除了基本内容要求掌握外，可适当地把基本题作些变化和发展，使他们的学习能力、思维能力较快地得以提高。对接受能力弱的"差生"，要以教材基本要求为标准来设计题目，并借助直观的、形象的手段帮助他们当堂理解、掌握教材。诚然，有时候也可以从作业的数量和速度方面来设计不同层次的作业。如教了"有余数的除法"以后，设计了代表三种不同水准的作业让学生自由选择：

一号题：$65 \div 7 = （\ ）\cdots\cdots（\ ）$

$45 \div 6 = （\ ）\cdots\cdots（\ ）$，这是教材的基本要求。

二号题：$（\ ）\div 3 = 8\cdots\cdots 1$，

$（\ ）\div 8 = 5\cdots\cdots 5$，这些题较难，要求学生能根据除数、商和余数求出被除数。

三号题：$49 \div （\ ）= 6\cdots\cdots（\ ）$，

$67 \div （\ ）= 8\cdots\cdots（\ ）$，这是难度很大的题，要求学生根据被除数与

商，分别求出除数和余数。

一号题是必须做的，而二号题、三号题可让不同层次的学生选做。

（二）适度性原则

适度性原则就是教师在编制教学目标时，要充分考虑该目标的难易程度是否适当。要符合"跳一跳"就能够摘到"桃子"的要求。

从目标激励作用来看，一个难度适中的目标能够激发学生强烈的学习动机，引起持久的学习积极性，而一个过难的目标会使学生望而却步，退缩不前。一个过易的目标又会使学生感到"没劲"，缺乏刺激力，从而视若无睹，引不起强烈的动机和兴趣。在这两种情况下，教学目标都会失去激励作用。

教师编制教学目标既不能片面强调"高难度"，也不能过低估计学生的学习潜力，要坚持难度适中的原则。怎样把握适度性原则呢？这里可以借助前苏联心理学家维果茨基的"最近发展区"的理论。

维果茨基认为，最近发展区是指现有水平与潜在水平之间的幅度。所谓现有水平是指已经成熟的儿童心理机能的发展水平，表现为儿童能够独立完成智力任务。而潜在水平是指尚待形成的儿童心理机能的发展水平，表现为儿童经过模仿、努力才能完成智力任务。

他把最近发展区纳入了教学的概念。教学是在使潜在水平转化为新的现有水平，创造新的最近发展区的过程。最近发展区按层次递进的过程，就是儿童不断积累知识和发展智力的过程，也是儿童的兴趣、情感、意志不断形成和完善的过程。因此，开发智力的最佳教学应从潜在水平开始，而开发智力和教学就是开发最近发展区的教学。

维果茨基的理论启示我们"只有那种走在发展前面的教学，才是良好的教学"。因此我们编制教学目标，既不能使教学尾随发展，又不能过于超前发展，它只能适度走在发展的前面。要做到这一点教师不仅要研究大纲教材，还要研究学生的知识和能力、学习兴趣、动机、意志以及他们的个别差异，从而把握学生的"最近发展区"。

（三）操作性原则

实践证明，成功的教学开始于明确的目标，然后是紧扣目标的教学过

教育创新与课堂优化设计

程。目标越明确，达成意识越强，课堂效率也就越高。所以，教师在编制教学目标时，要注意明确化和具体化，增强操作性，要坚持操作性原则。

在编制教学目标时要依据：

1. 教学大纲和教材。这是国家对教师和学生的要求。教学大纲是从宏观而言，它是编制教学目标的准绳。教材是从微观上而言，它是编制教学目标的依据。

2. 学生实际。教为学服务，学生是认识主体。教师编制教学目标必须从学生实际出发。学生的实际包括学生的思想情感，知识能力、生理心理诸方面素质状况。

3. 教师教学个性。由于每个教师的知识能力、兴趣爱好、秉性不同，每人都有自己的教学特点和风格。因此编制教学目标时，在充分重视前两项要求基础上，还应从自身的特点和风格出发，去编制能发挥自己特长，适应自己教学个性的教学目标。

三、优化方法

具体来讲，教学目标的分级与表述方法如下：

（一）知识目标的分级与表述

知识目标可分为了解、理解和掌握三级，表述如下：（以语文科为例）

1. "了解"（知道），指对有关知识和事物的识记，能再认或再现。

2. "理解"（初步理解、懂得、领会），指对有关知识和事物进行初步的解释、说明、分析、归纳等。

3. "掌握"（初步掌握）指能在听、说、读、写的语言实践中初步运用所学的知识。

（二）能力目标分级与表述

能力目标可分为仿效、初步学会和学会三级，表述如下：

1. "仿效"，指学生能按范例完成规定的听、说、读、写任务。

2. "初步学会"（能），指学生在教师的指导下，完成规定的听、说、读、写任务。

3. "学会"（会、会用、运用，比较熟练地），指学生能独立地完成规

定的听、说、读、写任务。

（三）思想情感目标分级

思想情感目标分为感受、体会、初步养成三级。"感受"，指对语言材料反映的思想观点、情感有所体验，发生共鸣，并对行动产生影响；"体会"指在"感受"的基础上，有了新的认识和体会；"初步养成"指初步形成比较稳定的思想品德、心理品质，并能指导自己的行为实践。

第三节　教学内容优化

　　优化教学内容设计过程就是教师科学的艺术的处理教材的过程。所谓处理教材，就是教师在教学过程中根据教学目标和学生实际，对教材进行某种增删、调整、选择的艺术处理过程，以减轻教材的难度，减缓知识的坡度，使教学内容更趋于合理，让教材的教育、教学功能得以充分实现。

　　加工处理教材的方法有很多，但无论是哪一种方法都应有助于突出教学的重点。所谓教学重点是指教材中最主要内容，在知识结构中起纽带作用的知识，它包括基本概念、基本理论、基本技能等。

一、取舍教材，酌取精要

　　任何一本教材可讲可学的东西都相当丰富，可以说是字字宝贵，处处精华，似乎都忽视不得。但是由于教材特点不同，教学时间所限制，我们不能，也不可能，也没有必要把教材的方方面面巨细不分、面面俱到地讲完讲透。这就有必要对教材删减取舍，以便集中优势兵力打"歼灭战"。

　　有的教师不敢对教材进行大胆地取舍。在他们眼里这也重要，那也重要，很怕课堂上漏掉这个，丢掉那个。因而课堂上四面出击，追求面面俱到。结果是重点不突出，难点突不破。事实证明，"那种事无巨细，浅尝辄止"，"水过地皮湿"式的教学，必然让学生丢掉"西瓜"而去拣"芝麻"。

　　俗话说，"少则得，多则惑"。教师如果对教学内容不敢作出取舍，这

也要，那也要，结果课堂上什么也没抓住。反之，教师对纷繁的教学内容敢于取舍，"忍痛割爱"，表面上学生失去了一些东西，因为能集中更多的时间和精力来抓教材的重点，这实际上是"以少胜多"、"以舍保得"，让学生学到了更多更重要的东西。

"薄——厚——薄"，这应该是教师处理教材的基本方法。突出重点，抓住关键就是要在这个过程中得以实现。本来是不厚的一本书，不长的一课书，通过通览（包括阅读教材以后的各种教学资料）让它变厚了，内容多了，但在处理教材时就要进行一番取舍。这是把厚书变薄。所谓"备多用寡"、"博观而约取，厚积而薄发"，正体现上面精神。

有位老师在备《我的战友邱少云》一课，了解到班上的学生对邱少云遵守纪律的事迹比较熟悉，邱少云的故事不少同学都能讲出来。而邱少云在烈火烧身的情况下为什么能像"千斤巨石"一样纹丝不动，为什么宁肯牺牲自己也要遵守纪律，他的思想基础是什么，学生们理解得是不够的。老师在备课时考虑到这一实际，就把课文的第三段——邱少云烈火烧身直至壮烈牺牲这一部分作为教学重点，引导学生深入理解课文，展开联想，通过必要的讲解和指导学生有感情地朗读来体会文章的思想感情，学习英雄崇高的革命精神，收到很好的教学效果。

综上所述，教师在处理教材中应敢于对教材进行大胆的取舍，以保证突出教学的重点。

特级老师宁鸿彬老师认为，要提高教学效率，就要"浓缩教学内容"。在实际教学中就不能面面俱到，要将所学知识作三种基本的区分：第一种，是本次学习中最基本、最重要的知识。对这类知识，教师必须讲深、讲透，学生对这类知识必须正确理解、准确记忆、灵活运用有效地迁移；第二种，是本次学习中要用到，有助于基本知识的理解的，此后还要作为重点内容学习的知识。对这类知识，教师要讲清楚，但不必讲得很深，对学生也只能要求初步理解，不要求准确记忆，更不要求运用；第三种，是本次学习中会遇到的某些相关的、事实性的知识。这类知识对学生所学习的内容产生某些影响，但不会影响对基本问题的理解，对这类知识，教师只需作最简要、最概括的说明，使学生了解即可，不必要求学生理解与

记忆。

二、丢卒保车，暂时放弃

有些教学内容比较多，但相对也都比较重要，为了突出重点，也可分轻重缓急，对有的内容暂且"忍痛割爱"先舍去不讲，争取在今后的某课中确定为重点。也就是说，对已确定的教学要点要全力突破，对非要点决不分兵留连，才能达到一课一得。这样从长远看，从整体看并不能丢掉什么，而且所学更为扎实，这就是暂时舍弃，却保证长远；局部少，却促进了整体多。

以上策略也是处理详略问题，要详在新难，略在旧易，以旧启新，因易解难，不断扩大已知，缩小未知，使书越读越薄。

三、归纳整理，以简驾繁

有些教材内容繁而杂，为了突出重点，教师备课时可将这些知识归纳、分类整理，从而突出重点部分。比如，语文教师备课时能把全册文言文的虚词、实词及有关句式分类排队，而后在每课中要重点解决哪一个或几个虚词、实词、句式的问题，自然就条理分明了。这种做法，既可使教师心中有数，又能让学生心中有底，还能把教学中的科学性和规律性较好地体现出来。作家写小说应当"以精运多"，教师备课也应当"以约运博，""任凭弱水三千，我只取一瓢饮"。

北京市朝阳区幸福村中心小学特级教师马芯兰多年潜心数学课教学法研究。尤其她在充分尊重现行教材内容的基础上，对教材进行了大胆的处理，优化了教学内容，从而大大提高了教学效率，马老师在处理教材方面的主要做法是：

（一）集中

把内在联系紧密的一些知识，编排在一起。如把几类简单应用题，按数量关系的互逆，集中成四组，即把属于每份数、份数和总数关系的"求和"、"求剩余"集中成一组。把属于求两数相差关系的"求两数相差多少"、"求比一个数多几的数"和"求比一个数少几的数"集中成一组。

把属于倍数关系的"求一个数的几倍是多少"、"求一个数是另一个数的几倍"和"求一倍数"集中在一起，在一年级阶段全部学完。

（二）压缩

将重复出现的知识，突出本质属性，进行编排。如把 20 以内的进位加法和退位减法的口算，突出"凑 10"与"破 10"的算理算法，用 10 课时集中讲完，以后在课堂上分散练习。

（三）加强

强化关键性知识，提高标准和要求。如把一年级教材只要求渗透"同样多"和"差"的概念，改为正式讲解，以便为日后学习加减法打下基础。

（四）增补

增加补充新的教学内容。如，增加"千的认识与读法"这一单元，使学生整体地认识"个级"，进而能推进到"万级"、"亿级"，虽增加了几个课时，但使认识"万"这个传统难点消失了。

（五）扩编

即在原教材基础上，对有关知识内容加以扩充编写。如把小数的意义和性质这一单元延长到 20 课时，并逐节编写教材。精编教材后，原来每个学期的教学内容，只需一个月左右时间就讲完了，节省下来的课时，用于技能技巧训练，既减轻学生负担，又提高了教学质量。

教学难点是教学的"明碉暗堡"，教师如果不能及时集中火力攻下来，一节课就不能顺利进行。教学难点是指那些教学内容比较抽象、深奥、复杂或坡度太陡，学生学习较困难的知识。另外，距离学生生活比较远的内容，无论从生活经验、旧知识基础、学生都难以独立思考或想象、揣摩的内容也应确定为难点。

教学难点与教学重点既有区别又有联系。教学重点是知识的关节点，在知识结构中起着纽带作用。它具有基础性、规律性、全局性，因而占教材知识总量的比例较大。教学难点多数处在教学重点之中，少数处于教学重点之外，它们占教材知识总量比例较少。教学重点容易被确定，而教学难点不易被发现。教师在教学中不应把重点与难点混淆起来。教学难点有有限性、差异性、局部性的特点。

怎样看待教学难点呢？从消极方面看，它会增加教学工作难度和给学生学习带来障碍。但我们也不要过分夸大它的消极面。从现代教学论观点看，它也有积极因素的一面。

我们知道，学生学习过程也是思维训练过程。太易的知识虽然学起来容易，但不利于发展智能。没有问题就无所谓思维，没有困难也不会有积极探索。而难点恰是教学魅力之所在，思维之源泉，探索之动力，创造之契机。在难点教学上处理得好，不仅学生能领悟知识，发展思维，而且可以磨炼意志，培养学习兴趣。所以从这个意义上说，教学难点不仅不是坏事，反而是个好事，关键看老师如何对待和处理它。我们先来看一下教学难点产生的原因。

（一）教材的客观原因

教材的客观因素，即被编写在教材的有关知识，对学生学习来说，本身存在着难度性质，其表现如下：

1. 复杂性

结构纵横交错、层次繁杂的知识点，属于复杂性教学难点。

例如，小学数学应用题历来是数学教学中的一大难题，尤其较复杂的一般应用题、分数应用题，情节千变万化，数量关系千姿百态，解题思路变化多端；相似的应用题，解题迥然不同，同一道题却又有多种不同解法，各种变式题型变幻莫测，却又可得到同种思路或同种结果。这些知识本身的复杂性，就造成了难点的必然性。

2. 隐蔽性

有些知识精深隐蔽，非本质属性具有鲜明突出的特征，掩盖了本质属性，致使学生不易辨清，弄错概念，产生错误。这是属于深奥、隐含性教学难点。如小学四年级"行程相遇问题"，解题方法"距离÷速度和＝相遇经过时间"的道理比较隐蔽，四年级学生较难明白"相遇"的意思就是两种物体同时相对而行，路程的和正好等于这两种物体原来相隔的路程，对这样的题教师处理不好就会造成学生学习上的障碍。

3. 抽象性

知识本身太抽象、概括，不易捉摸，不易体验，致使学生思维"卡

壳"，发生障碍，这就成了教学的难点。如，小学低年级的学生理解"英雄"、"空间"这些词，如果不借于生动形象的实例理解就会十分困难。

4. 陡坡性

从某种知识相递接的高一层次知识学习，由于知识衔接密度不够，铺垫不足，形成知识表面脱链，造成学生思维活动脱节。这种情况属于陡坡性教学难点。

5. 易混性

知识结构相似，规律形式接近，或术语特征雷同，因而这些知识互相之间产生干扰，这属于易混性教学难点。

如汉字："茶"和"荼"、"己"和"已"、"遵"和"尊"、"纪"和"记"，拼音字母"d"和"b"、"p"和"q"等。由于这些字外形结构相似，刺激性较强。而较强的部分掩盖着弱的部分，而弱的部分又恰是关键所在，这就会使学生产生"鱼目混珠"、"张冠李戴"等感知上的错误。

（二）师生主观因素

师生主观的因素，即不是由于教材本身客观存在的教学难度，而是由学生学习基础和教师教学不当出现的教学难点。

那么我们该如何教学难点呢？有以下方法：

1. 分散法

"分散难点各个击破"，一直是突破教学难点的传统而有效的策略和方法。对于一些复杂、深奥的难点，应按照这个难点知识的层次，逐层分解，把原来的知识梯级，再依据学生情况细分成若干小梯级。像上海闸北八中那样"低起点、小步子、多活动、快反馈"，放缓坡度，使学生容易接受和理解。

如教学难点"已知圆锥体底面的周长及高，求圆锥体的体积"，可分成下列几个层次去理解；（1）圆锥体体积最直接的计算公式是什么？（底面积×高÷3）（2）圆锥体的底面积是什么形状？（3）底面周长是什么意思？（4）底面周长与底面积是否相同？（5）圆锥体的高是什么意思？（6）圆锥体底面积是否已知？为什么？（7）知道底面周长求底面面积必须要求出哪个关键条件？（8）知道底面半径，怎样求底面面积？

2. 直观法

对于一些抽象的知识，学生学起来比较困难，主要是由于学生缺乏具体的感性知识过渡。教师在处理教材中要给学生提供必要的感知经验，让他们观察一定的实物、模型、图形等，化抽象为具体，这有助于难点的突破。

3. 举例法

教学中常常有这样的情况，对于一个概念的理解，有时老师说明式的反复讲几遍，学生还不理解，而教师恰当的举一事例，学生马上豁然开朗。由此看来，举例法是突破教学难点的又一种重要方法。例如，学生在自然课上对地球的自转不甚理解，教师用了一个恰当的比喻："人之所以感觉不到地球的运动，是因为人随地球一起运动，如同人坐在行驶的汽车内，只觉得车外的物体运动，却看不到汽车运动一样。"学生很快就理解了。

4. 逆向法

逆向法就是利用逆向思维。逆向思维是从对立的、颠倒的和相反的角度去思考问题的方法。

一般说来，课本上只从正面阐述概念，这无疑是重要和必要的。为了更好地帮助学生理解和掌握概念的本质，教学中要在正面认识的基础上，再引导学生从反面或侧面去剖析去举例。通过"去要点"、"逆表述"等举反例的办法可以加深对概念的深刻理解。去要点——把概念的"要点"去掉一个会发生怎样的情形？如分数的意义中去掉"平均"两字，就有多种情况；逆表述——把概念反过来念一念看对不对？如"钝角大于90度"，反过来讲"大于90度的是钝角"就错了。

5. 比较法

有比较才能鉴别。心理学研究表明，对比抗干扰加强易混知识的比较找准分化点，有利于排除干扰，促使易混知识在学生头脑中彻底分化。所以在突破难点设计中对那些易混淆的知识，教师可多采用比较法。

6. 操作法

这种方法是通过实际操作来突破难点，形成正确的概念，理解和掌握

知识。如角的认识教学，角的概念对小学生来说比较抽象，尤其是平角和周角的概念，学生容易与直线、射线相混淆。因此教学中宜通过让学生动手操作，帮助学生建立起平角与周角的概念。学生拿出两根一头固定在一起木棒，固定一根，旋转另一根，可以得到大小不同的角，当角成90度时是直角，再旋转拉直成180度的角，这是平角，这样通过学生操作帮助他们形成正确的角的概念。

此外，教师在处理教材过程中还要注意寻找新知识的"生长点"，并以此为教学突破口，对提高课堂效率有其重要意义。我们知道，各科教材都具有很强的系统性，每个知识都有其生长点。它是学习新知识的基础。教师在处理教学中抓住了这些知识的生长点，在教学设计中适当引入旧知识做铺垫和准备，这很有助于学生对新知识的学习和掌握。

那么，怎样才能把握新知识的"生长点"呢？主要有两方面：（1）寓新于旧。新旧知识之间具有联系紧密和互相转化的两个特点，即新知识都是旧知识的引申、发展，新知识可转化成旧知识去认识。所以教师处理教材要考虑，哪些旧知识的引申，又是以后要学的哪些知识的基础。"寓新于旧"，搞好知识的提前"渗透"和"孕育"。如学习10以内数的组成时，就渗透了"加减法的意义"以及"求和"、"求剩余"两类简单应用题的数量关系。（2）以旧引新。鉴于新旧知识之间的内在联系，新知识都能转化成旧知识去认识，教师在处理教材时就要特别注重新旧知识的连接点，充分运用知识和能力的正迁移，温故知新，使学生感到"新课不新"，易于接受，促其新知识的生长。

第四节　课堂导入优化

　　一台好戏演好序幕，一篇新闻写好导语，一部乐章奏好序曲，先声夺人，能激发人的兴趣和注意力。同理，新奇多趣，引人入胜的课堂导入，能把学生带进一个跃跃欲试、美不胜收的学习天地里。良好的开头，成功的一半，课堂导入是优化课堂教学的一个重要组成部分。所谓导入，是指教师在一个新的教学内容或教学活动开始时，引导学生进入学习境界的语言艺术与行为方式。

一、课堂导入的功能

　　概况而言，导入有以下功能：

（一）集中注意，诱发兴趣

　　心理学研究告诉我们：学习动机中最现实、最活跃的成分是认识兴趣。当学生对某种学习产生浓厚兴趣时，他总是积极主动且心情愉快地投入学习。而新课伊始，教师巧妙地导入，是学生产生兴趣的诱因，一上课就让学生在认识上、情感上和意志上予以高度专注，使学生对本节课有浓厚兴趣。有位老师在讲到"相似三角形"时，对学生说："学了这一节课，不上树可以测出树高，不过河可以量出河宽。"简短的几句话激起了学生的新奇感和强烈的学习愿望，一个个跃跃欲试，急切地等待老师揭开"谜底"。由此可见，良好的课堂导入能引起学生强烈的求知欲和学习心向，注意力也会高度集中，这对上好整个一节课奠定基础。

（二）开启思维，引发思考

思维是智力的核心。学生在课堂上只有积极地进行思考，才能促进感知、记忆和想象。任何训练的获得，也都离不开积极的思维。而课堂导入的巧妙设计就是点燃学生思维火花的一颗火种。例如讲爬行动物的时候，有个老师设计了这样的导入："同学们，你谁见过壁虎？谁见过蜥蜴？在什么地方看见的？是什么时间看见的？是白天还是晚上……"这位老师一连串的问题就集中了同学们的注意力，使他们开始积极思考。

（三）画龙点睛，突破重点

每节课都有其重点和难点，如果教师紧紧抓住重点或难点进行导入设计，这对帮助学生掌握重点和突破难点是十分重要的。

（四）新旧衔接，架桥过渡

从教材编排体系看，每学科中的单元与单元之间、课与课之间，都是有着密切的内在联系的。如果老师在讲授新课时，能按照教材本身内在的关系，设计出联系旧知识、提示新内容、承上启下的导入，会大大地提高学生的学习效率。这时的导入就如同在新旧知识之间架起一座桥梁，使学生既复习了旧知识，又激起了对新知识探索欲望。例如有位老师在讲解 32 × X ＝ 800 这道题时，先把旧知识 X × 75 ＝ 1800 这道题同时写在黑板上，然后提示学生："这两道题相同点是什么？不同点是什么？根据异同点分析，你能大胆解答 32 × X ＝ 800 这道题吗？"这里，老师的导入，通过学生对新旧的联系对照，起到了承上启下、引导过渡的作用。

二、课堂导入设计的方法

从上可以看出，导入在讲授新课中确有精妙的多种功能。它设疑布障、画龙点睛、逢水架桥、展现意境，真不失为教师开启新课，引起学生思维的一把金钥匙。所以教师在设计一节课时，首先应该对导入进行精雕细刻。教师要提高教学的艺术魅力，必须重视导入的设计。一般而言，导入设计有这样两种情况：

（一）课始的直接导入设计

如前所述，一般的新授课的课堂结构是：课堂导入——讲授新课——

课堂练习——课堂小结——布置作业。那么这种课堂教学结构模式，教师就可直接进行新课的导入设计，而后进入讲授新课。目前这种设计方式比较多。

（二）基本训练后的导入设计

这种设计方法，在课始不是先进行导入设计，而是先进行基本训练设计。如魏书生老师上课前先要对学生进行口头作文基本训练，而后再导入新课。再如特级教师邱学华构建的"六段式课堂结构模式"也是先基本训练，而后导入新课。邱老师设计的基本训练包括口算、公式进率等，这是一种能力天天练。这样一开始上课就进行基本训练，使学生立即投入紧张的练习中，能安定学生情绪，起到组织教学的作用。

三、课堂导入的注意事项

导入设计无论是哪种类型，都应注意这样几个问题：

（一）求精，有概括性

因为导入只是引路，开启思维，突出教学重点，诱发学习兴趣，而不是正式讲授新课，因此要切中要害，言简意赅，而不能庞杂繁琐和冗长。有的教师在让学生复习前次概念拖占时间较长，也有的教师在介绍课文的时代背景和作者时，随意发挥，没完没了，这样喧宾夺主，会降低课堂教学效果。

（二）求准，有针对性

不管哪一类型的导入设计都要有针对性、启发性、可接受性。针对性是指导入设计要根据教学目的而确定，围绕教学重点难点来设疑，而不能跑题。启发性是设计有思考余地，能引起学生的积极思考。可接受性就是问题设计要适合学生年龄特点、深浅适中，既不使学生感到高不可攀，也不使学生感到索然无味。

（三）求巧，有趣味性

导入设计要简练而概括，但形式应多种多样，巧妙自然，新颖独特，切忌老生常谈。即使几句话的导语，也应尽可能设计的含蓄有趣，生动活泼。但也不能故弄玄虚，哗众取宠。

（四）求准，有科学性

导入设计不能模棱两可，含糊其辞。导入的用语和形式都应恰当准确，无论是设疑、引证、说明、比喻等都要明确、精当、不产生歧义，使学生思维准确地进入轨道。

四、课堂导入方法举例

事实上，教学没有固定的形式，一堂课如何开头，也没有固定的方法。由于教学对象不同，教学内容不同，开头也不会相同。即使是同一内容，不同教师也有不同的处理方法。下面介绍一些课堂导入设计的类型和方法，可作为教师设计课堂导入参考：

（一）开门见山，揭示新课

这是针对教材特点，直接揭示学习目标。这种导入式特点是"短、频、快"。即省时，接触新课主题迅速，能及时起到组织学生进入学习角色的作用。例如：在讲授长方形的认识时，教师在黑板上画出一个长方形，问同学们："认识这是什么图形吗？"由于在低、中年级教材中都有长方形的直观渗透，所以学生从感性上知道这是长方形。接着教师说："那么什么叫做长方形？长方形具有哪些特征呢？现在让我们一起进一步认识长方形"，板书课题"长方形的认识"这样导入新课，能使学生明确学习目标，犹如乐章序曲，有先声夺人之势。

（二）联系旧知，提示新课

教学过程中，一般来说，新知识是在旧知识基础上发展与延伸，学生是从旧知识中起步迈向新知识的掌握。教师要从已有的知识出发，抓住新旧知识的联系，精心设计，导入新课。这样，可以使学生感到旧知识不旧，新知识不难，建立起新旧的联系，明确学习的思路，增强学习的信心。例如，下面是"圆柱体的认识"新课导入实录：

课始，老师说："同学们已经认识了立体图形，现在我这里摆了一些图形，谁来把其中我们已经学过的立体图形介绍给大家？"同时出示下列模型：（1）、（2）、（3）、（4）、（5），学生①上台分别介绍（1）、（2）、（4），老师予以肯定后故作惊讶地问："图形（3）我们也学过了，为什么

不介绍呢?"同学们抢着答,这个图形尽管学习过了,但不是立体图形,它是个平面图形——圆。老师又追问:"图形(5)是个立体图形,为什么不介绍呢?"同学们着急地说:"因为这个立体图形我们还没有学过。"接着老师说:"下面请大家仔仔细细地观察这个新的立体图形",并适当翻转,让学生整体感知圆柱。随后教师指着圆柱说:"这就是今天老师要介绍给大家新的立体图形,它叫圆柱(板书:圆柱的认识)。"

[设计说明] 圆柱的认识是在学生认识了长方体、正方体等立体图形,学习了圆的知识以后安排的。老师别具匠心地将圆柱置于长方体、正方体和圆等旧知识背景之中,让学生先介绍已学过的立体图形,然后通过追问嵌在立体图形中的圆——也学过了,为什么不介绍?从而澄清了平面与立体的本质,学生的空间观念实现了质的飞跃。与此同时,圆柱这一新知便在学生已有的旧知中脱颖而出。

当教师追问图形(5)是个立体图形为什么不介绍时,学生因没有学过而语塞,于是求知欲望油然而生,迫切地想认识这个新的立体图形,这就为学习新知蓄积了良好的心理条件。

(三)巧设悬念,引人入胜

创设问题,以奇特的形式设置悬念,使学生的大脑产生兴奋,迫切想知道其中奥秘。教师及时抓住这一契机,揭示新课。例如下面地理课讲授"比例尺"的导入设计就是这样。一上课老师就问:"哪个同学的爸爸妈妈或叔叔姨娘要出差?"七八个同学举手,老师指定一名调皮同学小王回答:"我们隔壁的陈叔叔明天出差到成都。"老师说:"你学过地理,你给我查一查地图,重庆到成都有多少千米?其他同学也帮助查。"地图上根本没有标出重庆成都的距离,大家查一阵,都查不出。全班陷入沉默。从那一对对微微皱起的双眉,看得出孩子们为难了。他趁机将孩子们心头的乌云一拨:"没关系,只要你们听了我下面讲的,保证你查出来,因为地图上有'比例尺'……。"老师板书课题"比例尺"。这个导入设计的巧妙就在于使学生产生了一种"打破砂锅纹(问)到底"的思想,急于求得答案,这就激发了学生的求知欲和学习兴趣。

（四）动手操作，亲身体验

别人说十遍不如自己做一遍，学生自己亲手操作演示的东西，因为有切身实践往往体会深刻，有助于激发悟性，增强思维力度。缘于上述原因，教师在导入设计上应尽可能组织全体学生进行实验、操作。让他们动手动脑，摆一摆、数一数、拼一拼、搭一搭、剪一剪、画一画和做一做……据此，学生在充分感知的基础上，有真切的感觉，建立了生动的、足够的表象，从而促进思维能力的发展和良好思维品质的形成。如讲授摩擦力时，教师先拿出盛米的玻璃瓶放在讲台上，并拿出两根筷子，看谁能巧妙用筷子把米瓶挪到桌子另一端。有的学生用筷子夹，也有的聪明学生试着用一根筷子插入米瓶当中，最后竟用一根筷子把米瓶提起来。这时教师问："为什么一只筷子能把米瓶提起来？原来摩擦力帮了大忙。什么是摩擦力呢？它有哪些作用和特点？现在我们来学习这个问题。"这样导入，学生有亲身感觉，学习起来注意力集中，记忆准确。

（五）利用游戏，创设情境

老师可以巧妙地利用猜谜、游戏、表演、朗诵等多种形式来创设情境，以此来进行课堂导入。这样让学生由游戏开始参与教学活动之中，有助于激发学习愿望和兴趣。如下面这个"商品标价"的新课导入就是沈丽萍老师运用游戏创设情境的方法设计出来的：

（音乐）师：小朋友，今天，小灵通带我们去参观"红领巾小商店"。

（投影）小商店到了，你们看小商店有些什么东西呢？

指名回答。

师：这么多的东西，你想买吗？

出示：1.50 元

问：你知道这支铅笔多少钱吗？（好的同学回答）

出示：各种东西的标价。

师：这些商品标价怎么读、怎么写，就是我们今天要学的本领。

这个设计符合低年级学生的特点，通过创设情景，让学生去购买商品，当他们不会买、不会读商品的标价时，他们的求知欲就激发起来了。

（六）故事引入，启迪思考

小学生天性喜新好奇，喜欢故事。如果教师抓住学生这一心理特点来进行导入设计，也会取得理想的效果。例如，在数学"加减法的一些速算法"时，为了让学生更好地学习，让他们认识到同一道题，用不同的方法进行计算，花费的时间大不一样，应用简便方法进行运算可以提高计算速度。有位老师上课伊始，给同学们讲述这样一个故事：高斯是德国数学家，他小时候喜欢数学，10岁的时候，老师出一道题，$1+2+3+4\cdots\cdots+99+100=?$ 当别的孩子动笔算的时候，小高斯却算出得数是5050。同学和老师感到很惊讶。你们知道高斯为什么算得又快又对吗？原来他采用了简便方法进行计算。后来高斯成为一个大数学家。今天我们就来学习"加减法的一些速算法"。这样的导入就激发学生学习的积极性。

（七）审题入手，提纲挈领

我们知道，有些课文的标题就是这节课的"窗口"，也是教材内容高度的概括，从课题的标题就可窥知全文的"奥秘"。所以从审题入手就能揭示一课的中心主题或重点难点。例如有位老师在教《狐假虎威》一课时，是这样设计导入的：

1. 板书课题，在"假"字下加着重点。问学生："狐"指什么？"虎"指什么？

2. 学生查字典，思考：

（1）"假"字有几个读音，有几个含义，①跟"真"相反：假话；②借用，利用：假借。

（2）"狐假虎威"中的'假"怎么读音？怎么解释？这个题目是什么意思？（狐狸借老虎的威风）

上面这个导入设计由于从审题入手，很容易引导学生抓住课文的重点和难点，也容易揭示这一课的中心思想，为上好这一课奠定了基础。

（八）直观演示，提供形象

实物、标本、教具（挂图、模型、投影片、幻灯片、电影、电视等）比形象语言更有说服力和真切感。展示挂图、实物、标本、模型等，可以化抽象为具体，不但为学生提供生动形象的感性材料，而且也为他们积累

丰富的感性经验。直观可以鲜明地揭示客观事物之间的关系，直观演示对于引起学生学习动机，增强感知，更有直接作用。因此教师可对一些抽象的概念，在导入时多提供具体事例，创设演示直观教具机会，这有助于学生对概念的理解。

例如有位教师在讲生理卫生课中骨的构造时，她先发给学生已经锯开的长骨（棒骨）让学生观察。在观察时，教师说"大家在观察时，注意思考下列问题，①骨端和骨中部的结构是否一样？②长骨骨质的外面有什么样的结构、这种结构存在的部位如何？③骨腔中有什么物质……"这种导入，教师是利用了直观演示、联系、对比等多种方法。

（九）补充知识，唤起联想

这种方法是通过讲一个故事，打个比方，解释一个典故，引用一句格言，介绍作者的一段生平轶事等进行导入。如有位老师在讲《骨气》一课时，先引用了文天祥的这首诗："人生自古谁无死，留取丹心照汗青。"这引起了学生的极大兴趣。

（十）群策群力，学生登台

为了把课堂导入设计得更好，老师也可以发动同学开动脑筋，提出建议，乃至可以让学生上台当老师做课堂导入示范。如这是特级教师汪兆龙让学生设计的课堂导入。这堂课将学习新课——鲁迅的小说《药》：

上课铃响过，走上讲台的不是我，而是学生。让学生上讲台，干啥？导入新课。这是我在课前布置的一项特殊作业：假如我是语文教师，将如何导入新课？人人都要设计导语备好课，上课时就请学生当老师。我的要求是：以旧带新。这样复习与预习可兼顾。只见学生甲快步走上讲台，环视一下后就开了口：

"同学们，我们曾经学过鲁迅的《〈呐喊〉自序》，文中提到'既然是呐喊，则当然须听将令的了，所以我往往不恤用了曲笔。'请问：什么是'曲笔'？"

台下的同学纷纷举手，学生甲请一位同学回答：

"鲁迅先生所说的'曲笔'是指不拘泥于事物真实情况的一种写法。"

"对，请坐！"学生甲继续问："那么，鲁迅先生在哪两篇小说中用了

曲笔?"

另一学生回答:"《药》和《明天》。"

学生甲用手示意他坐下后,又说:"鲁迅先生在《药》中瑜儿的坟上平空添上一个花环,瑜儿究竟是怎样一个人?他是怎么死的?他死后,鲁迅为什么要用曲笔'平空添上一个花环'呢?今天,我们学习鲁迅先生的小说《药》,这些问题就都能解决了。"说到此,他转身板书了一个大大的"药"字,然后就走下了讲台。

以上仅介绍了几种常见导入设计的类型,在实际教学中远不止这几种。广大教师应努力开发自己的创造力,去探索出更多更好的导入设计形式。

第五节　"讲授新课"优化

教育创新与课堂优化设计

　　"讲授新课"这个教学环节是一节课的"主体工程",它设计得如何,是决定胜局的关键所在。我们来讨论下如何优化讲授新课设计问题。

　　新授是一节课中揭示新知识、新概念、新方法,让学生掌握知识,认识规律的过程。这一环节处理的好与坏,直接影响其他各个教学环节成败。讲授新课这一环节处理好了,本节课的教学任务就基本上得以完成。如果讲授新课设计糊里糊涂,那就会"一着走错,全盘皆输"。所谓课堂上的"夹生饭"的产生,基本上都是在讲授新课的这一环节中造成的。

　　课堂40分钟对学生学习来说都是宝贵的。但就学习效率来看,又不是均衡的,这里有最佳时间。所谓最佳时间就是学生学习注意力最集中、感知最敏锐、思维最活跃、记忆最深、学习效果最好的时间。现代教学心理学和统计学的研究表明:学生在课堂中思维活动的水平是随时间而变化的。一般来说,上课后的第6分钟到20分钟之间,这15分钟左右的时间是一堂课的最佳时间。因为开始几分钟,学生刚从课间活动转入课堂学习,情绪还没安定下来,第6分钟开始,学生情绪已经稳定,又经过课间休息,这时精力充沛,注意力集中。第20分钟以后学生开始疲劳,注意力也容易分散。所以,讲授新知如果恰好安排在学生学习的最佳时间里,这将大大提高教学效果。

　　教学内容特殊,在于"新"字,对学生来说,第一次接触,首次感知,意义非凡。从心理学上分析,"喜新厌旧"是人的一种普遍心理现象:

新知识还处在未知状态，具有新异性，保持着新鲜感，这容易引起学生的兴趣，在好奇心和求知欲的驱使下，能努力地去学习。所以，平时可以看得到，当讲新课的时候，一般学生兴趣较浓，情绪高，注意力也容易集中，思维活跃，对知识的记忆也扎实深刻。反之，对那些机械重复内容，学生就感到十分的厌倦。这是因为，一方面由于教学内容失去了新异性，缺少新鲜感，学生学习兴趣大减，注意力不容易集中起来；另一方面，学生感官活动也容易倦怠，变得迟钝，乃至麻木起来，这自然会影响学习效率。从日常生活中也会使我们受到启发，人人都喜欢吃新鲜的饭菜，有谁愿意去吃残汤剩饭呢？

另外，从记忆规律上看，"先入为主"是一个特点。一般首次感知的事物容易在学生的脑子里留下痕迹，扎下根，不易忘记，尔后的感知由于先前感知信息的影响，记忆效果就会降低。特别是当首次感知出现错误时，纠正起来也比较困难。如学生一开始学错一个字或一节操的动作，再纠正起来就困难得多。另外，新授课老师没把知识讲得清楚明白，即使以后重讲多次，也难消除已造成的模糊印象，更不用说重讲知识要费时费力，加重师生负担了。

综上分析，讲授新课这个教学环节至关重要。如果教师千方百计做好讲授新课的设计，充分利用学生对新知识好奇和探求的心理，恰当地把握他们在接受新知识时最佳的心理状态和有利时机，将知识清楚、明白、准确地交给他们，这无疑会大大提高教学效果。

在讲授新课设计过程中，教师要理清教学的思路，设计好层次。无论哪个学科，哪一节课，新课从揭示课题，展现新知开始，到得出结论，先讲什么、后讲什么，教师干什么、学生干什么，教师要先搞清楚。由浅入深，由易到难，循序渐进。要做到讲课思路清楚，层次分明，除了考虑师生活动顺序以外，还要考虑如何以一条主线将活动和内容串联起来，使一节课形成一个整体。以防止讲课前后割裂，左右无关，彼此孤立，支离破碎。有了鲜明的主线就能使教学前后衔接，步骤流畅，条理清楚，层次分明，彼此照应。

老师进行新授设计策略要考虑的第二个问题是如何让学生从具体到抽

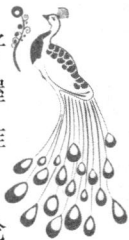

象，从感性到理性有序地学习新知。从具体到抽象，从个别到一般，这是人们认识事物的最基本规律。学生学习新知识往往依赖感性认识，然后上升到理性。尤其学习那些比较抽象的概念、定理、法则等必须要借助感性材料的支持，而小学生由于年龄小，知识面窄，语言抽象概念形成过程表达能力未成熟，他们的思维以具体形象思维为主，抽象逻辑思维能力还比较低。为了使小学生能够理解抽象的概念，应该千方百计地为学生提供感知材料，以丰富学生的感性认识。

例如小学生对"5"这个数概念的形成，不是一下子能够抽象理解的，他们往往要借助"5 只鸭子"、"5 棵小树"、"5 个苹果"、"5 只羊"等这些具体、个别的事物逐步抽象概括形成的。所以，教师在进行新课设计时就要充分考虑学生这一认识规律。凡是属于新知识、新概念的起始内容，都应为学生提供充足的、典型的、较为完整的材料，让学生通过观察、操作、实验、演算等途径来丰富感性认识，从而为实现理性认识创造条件。

给学生提供感性材料的方法有很多。如举学生比较熟悉事物的例子、借助学具、借助电化教学手段、现场观摩、模拟与实践体验等。教师在运用直观教学手段时应注意两点：第一，提供的感性材料要准确、丰富，让学生能够充分地感知；第二，感知后要引导学生认真思考，实现由感性到理性的飞跃。

此外，教师在进行讲授新知设计中要紧紧抓住重点、难点问题。并进行特殊处理，使教学进入重点的阶段时，在知识的力度、强度和为达到这种程度所进行的讲解、讨论、练习等都要到位。在突出重点时，板书、语调、教态等也要跟上。力求在课堂里使学生学会，重点就容易从系统里突出表现出来。

在教学中，教师可以教得"少"一点，引得"巧"一点，让学生学得"精"一点，领悟得"深"一点。正如叶圣陶先生说："语文教材无非是一个例子，凭这个例子要使学生能够举一反三，练成阅读和作文的熟练技能。"举一反三体现了教与学的关系。"举一"是指教而言，"反三"主要指学而言，二者相辅相成。教师要想"举一隅"，而让学生"以三隅反之"。课堂上教师要用尽可能少的时间抓住教材的基本概念和基本规律性

教育创新与课堂优化设计

的知识来"举一"精讲，让学生用尽可能多的时间来"反三"操作练习，闻一知十，触类旁通。这既促进了学生"学"，又简化了教学过程。

要使"举一"真正能起到"反三"的作用，教师要在浓缩教材、精讲上下功夫，并在"举一"设计和运用上努力体现以下四种特性：

（一）规律性

所谓规律性，就是"举一"要讲基本套路和基本规则。就是说，"举一"所列举的事例，讲解的内容是事物的"焦点"问题，属于基本知识、基本概念和基本规律。如讲概念的抽象过程，公式的推导过程，定理的证明过程，解题的探索过程，规律的寻找过程。使"举一"以后能起到"以数言统万物"、"牵一发而动全身"的作用。也就是说，教师只有把有代表性的问题剖析好，同类的其他问题就迎刃而解了。

（二）典型性

不仅要有代表性，而且还要有典型性。也就是说教师在讲解基本知识基本概念对"反三"不仅有普通的代表性，而且列举的事实和说明的道理又必须有典型性，是以让学生得到启发，模仿，从而进行"反三"操作。

例如童话《卖火柴的小女孩》，写小女孩先后五次擦亮火柴时眼前出现的五次幻景，其基本写法都是按照"擦亮火柴——产生幻景——幻景破灭"法展开的，文章结构基本相同，表现内容逐步深化，因此，教学时宜采用"举一反三"法。即第一次幻景是精讲，为"举一"，其他四次幻景让学生自学，为"反三"，通过第一次幻景的重点讲读和分析，为学生提供自学范例或模式，教给学生学习方法。然后让学生按提供的范例和模式，以及方法自学后面出现四次幻景，而侧重比较分析出现的几次幻景的相异之处，弄清后四次幻景的破灭与原因，最后通过师生共同讨论，总结全文思想内容，归纳主题思想，揭示文章真谛。这样学生学得主动活泼，节约时间，易提高课堂教学效果。

（三）深刻性

深刻性是教师列举的"一"，一定要讲深讲透，让学生清楚明白。因为只有把"举一"讲透彻，"反三"才有基础，效果才好。如果教师的"举一"学生没明白，他们又怎可能去"反三"呢？例如教学的例题，教

师如果不能讲透彻，学生就不可能在练习中去做同类的习题。

（四）启发性

教师的讲授也不应是完全的注入式的"灌输"。它也应在充分启发调动学生的思维基础上来进行。也就是说所得的"一"也应是在教师的讲解、点拨、引导下，通过自己的思考"悟"出来的道理。这样学生在"反三"中才能自去揣度，自去联想，自去生发，最终达到闻一知十，触类旁通的目的。例如教师教《香山红叶》，应当在备课中领会到，作者写红叶，本意不全在叶，而在于托物言志，借托红叶"越到老秋，越红得可爱"，以此来比喻经过风吹雨打的老向导，比喻久经风霜的劳动人民。在教课时，应当从举一反三的要求出发，只点出"红叶"之"红"，以托"老向导"之"红"，余下的问题留给学生去发掘，经过思考和议论，学生会很快领悟出，红叶不单比托老向导，还比托给老向导以幸福的时代。从这个事例中可以看出，只要教师点得"准"，学生才能想得"深"。

在新授设计中，教师要考虑的第四个问题是，让学生主动"获取"知识，还是让学生被动的"接受"知识。也就是说，知识的结论是由教师讲解直接交给学生，还是由教师创造一定的条件，引导学生去发现，去领悟。这两种方法不同，将会产生两种截然不同的效果。

我们知道，教学也是一种传递，它传递的不是物质产品，而是精神产品。这里要特别注意，精神产品与物质产品传递方式是完全不同的。物质产品的传递，可以你给我就得，而精神产品的传递就不一定老师一讲，学生就懂。作为传递精神产品的教学，必须要做两件事：一是调动学生主动学习的心态，让学生积极参与学习；二是要使学生形成良好的认知结构。最终促进学生知识的内化。教师在讲授新知中，只有引导学生主动积极地"获取"知识，从知识的形成过程中去领悟、去发现，才能完成知识的内化。而教师越俎代庖的简单给予是不利于学生知识内化的。

在讲授新知中，教师处理教材和选择教法不是"给予"，让学生"吃现成饭"，轻而易举得出结论，而是千方百计创造思维条件，引导学生去悟出道理，发现结论。怎样让学生主动"获取"知识呢？这里以讲授"圆周率"这个概念为例，"给予"的设计方法：

教师："什么叫做'圆周率'呢？请大家注意：圆的周长与它的直径的比是圆周率。"随后，随着老师的一声"预备齐"，全班学生一字不差地背诵。这种方法绝对是不可取的。

让学生主动"获取"的方法：还是这个内容，有位老师是这样处理的：

我在上课的前一天，布置每个学生用纸板做一个圆，半径自定，第二天带一把尺子。如果所做圆的直径是公制的，就带米尺，是市制的就带市尺。上课时，我让每个学生在课堂练习本上写出三项内容：①写出自己做的圆的直径；②滚动自己的圆（老师先示范说明），量出圆长度，写在练习本上；③计算出圆的周长是直径的几倍，全班做完后，我要求每个学生汇报自己的计算结果。教师把结果一个一个地报出，然后引导学生分析：

甲圆：直径 1 厘米，周长 3.1 厘米，周长是直径的 3.1 倍。

乙圆：直径 1 厘米，周长 3.2 厘米，周长是直径的 3.2 倍。

丁圆：直径 2 厘米，周长 6.3 厘米，周长是直径的 3.15 倍。

圆的周长与它直径是什么关系呢？学生通过观察、思考、分析，很快就发现不管圆的大小如何，每个圆的周长都是直径的 3 倍多一点。接着教师指出："这个倍数是个固定的数，数学上叫做'圆周率'。"

从后一个成功的教例可以看到，学生对"圆周率"概念的形成不是老师"给予"的，不是被动接受的，而是在老师创造的一定条件下，又一步步引导学生自己发现，悟出来的，是主动获得的。这正是我们在新授设计中大力提倡的做法。

在新授设计上，因学科不同，每课教学内容又千差万别。下面结合语文讲读课谈谈讲授新课教学环节的设计。课文分析是讲读课教学的一个重要环节。如何分析课文，应因文而异，文章千差万别，教学方法设计也要多样化。传统教学不管什么样的课文，什么样的学生，千篇一律，老师一唱到底的"老三曲"（分析段意，概括中心，总结写作特点），要么是一问一答的"新八股"。这些教学模式既严重束缚教师的教学思路，也会造成学生的厌学情绪。

我们的学生是有差异的，教学内容应该是多样化的，教学方法也应是

第四章 优化课堂教学

多样化的。这里列举三种设计方法：

（一）顺向分析法

这是从文章的第一段讲起，层层深入，讲到高潮，讲至文章的结束，最后总结回归整体，完成教学目标。如特级教师王秀云在教学《鸬鹚》一课时就选择这种方法。

《鸬鹚》课堂教学实录片段：

一、体会湖面的变化

（一）朗读课文。简单说说在不同的时间里湖面有什么变化。

（二）体会湖面的静态。

1. 第一自然段哪一句描写了湖面？找出来读一读。

2. 这一句把什么比作镜子，它怎么会像一面镜子？

生："把湖面比作一面镜子，因为当时没有什么风。"

师："能联系天气，体会湖面的平静，好。平的东西很多，比如墙壁，桌面，要像镜子，还得怎样？"

生："还很亮。夕阳照在小湖上，湖面很亮。"

师："夕阳照着平静的小湖，湖面水平如镜，多美呀，朗读体会。"

（三）体会湖面的动态。

（四）从湖的变化、认识小湖的美。

二、体会鸬鹚的可爱（略）

三、体会渔人付出的劳动和感情

四、总结上面这个设计基本上依着教材中文章的顺序，安排的教学思路。

上面这个设计基本上依着教材中文章的顺序，安排的教学思路，采取层层推进、步步深入的办法。这种设计方法是属于传统的做法，便于操作，处理得好，也会取得良好的教学效果。

（二）逆向分析法

这是讲授时，以文末点睛显志之言为突破，由尾向头逆向分析，倒教课文。例如小学语文课本《养花》一课，篇幅较长，如按内容顺序阅读，一节课学不完，采用逆向分析法，一开讲就抓住课文最后"养花的乐趣就

是有喜有忧"这一揭示主题的句子。开始学生虽然对全文印象朦胧，却能唤起探索之念而追根溯源。引导学生逐层逆向学习，把表达中心思想的内容一一落到实处，用一节课可以学好。

当然，逆向分析法较适用于纵向思路重心在后的长课文，而且执教者要有较高的教学水平和熟练地驾驭课堂的能力。一般课文不适宜采用这种方法。

（三）中部突破法

这是从课文的中心词、中心句或中心段的突破，抓住课文的重点和难点进行读、讲、练、辐射全篇，理解全文，收到牵一发而动全身之效。这种方法把时间花在课文的重点难点句和段上，次要的句、段可一带而过，从而较好地突出重点，解决难点，节省时间。

具体做法：先让学生自学课文，在了解大意的基础上，从解题入手，从摄取大意入手，通过教师提问，引导学生直奔中心，进行读、议、讲、练。下面是安徽省中学特级教师陈小平教学《祝福》一课的教学纪实片段：

《祝福》起始课上

（陈老师要言不烦，直切主题）

师："鲁迅的朋友许寿裳曾这样分析《祝福》：'《祝福》之惨，不在狼吃阿毛，而惨在礼教吃祥林嫂。'祥林嫂是被礼教吞噬的。"（板书：礼）

生（1）："三纲五常。"（教师板书）

生（2）："不孝有三，无后为大。……君要臣死，臣不得不死。"

师："说得好！礼教是封建社会的道德标准，是维护封建制度的思想工具。礼教最主要的特点是扼杀人的天性，禁锢人们的感情，提倡尊卑贵贱等级制。除了同学们刚才列举的内容，例如'存天理，灭人欲'、'饿死事小，失节事大'、'男女授受不亲'等都属于礼教。

（教师板书上述引文）

礼教内容很多，逼死祥林嫂的主要是那条？"

生："女子从一而终。"

师："了解这句话的意思吗？"

生："就是说妇女只能嫁一次，再嫁就不吉利，就成了不干净的人了。"

师："对，祥林嫂第一次死了丈夫，大家还能容忍她。等她第二次成了寡妇之后，大家都开始鄙夷她了。在封建社会，人家叫祥林嫂这种人为"扫帚星"、"白虎星"。祥林嫂就是在这种环境中被逼死的，'从一而终'的教条害死祥林嫂。"

（停留有半分钟之久，似留充足的时间让学生思考）

生："她受'男女授受不亲'的毒害太深了。"

师："是的，根据礼教规定，男女之间不能直接递送东西，更不必说互相触碰了。这种礼教导致了什么后果？"

生："伤害了虔诚的礼教信奉者。"

师："人们对这位女子的赞美说明了什么？"

生："礼教是残忍的，它鼓励人们伤害自己。"

师："还有比这更残忍的呢！同学们能举个例子吗？"

生："古代有的女子，刚订婚丈夫就死了。她就抱着丈夫的牌位结婚，和丈夫的灵牌过一辈子。还被人们称赞，说她是'节妇'。"

师："看来，这位同学读了不少书，懂得很多，请问，这位女子是受到礼教中哪一条的毒害？"

生（抢答）："从一而终。"

对于一篇篇幅较长的课文，面对思维水平尚不很高的中学生，繁复的分析有时会淹没主题，令学生如坠云雾之中，陈老师言简意赅，单刀直入，抓住全文主脑"礼教吃人"，从而纲举目张，为以后的分析做好了准备。

在讲授新课时，大凡是篇幅长的课文，或中心词、中心句、中心段显明的课文，都适于采用中部突破法来进行讲授设计。

第六节　教法与手段优化

优化教学方法与手段是教师备课的又一项重要任务，只有选择灵活适宜的教学方法，才能引导学生克服困难和险阻，胜利地到达知识的彼岸。教学方法是指教师在教学过程中为完成教学目的、任务而采取的活动方式的总称。但它不是教师孤立的单一活动方式，它既包括教师"教"的活动方式，也包括学生在教师指导下"学"的方式，是"教"的方法与"学"的方法的统一。

一、教学方法

教学方法具有多层次，多形式，总体上可分为综合性教学方法和单一性教学方法两大类。

（一）单一性教学方法

单一性教学方法是狭义上的教学方法，它指教师在课堂上或用口述、或用提问、或用演示、或让学生自学、讨论、练习等单一的方法所进行的教学。当然，这些方法在实际课堂教学上，往往不是孤立单独使用的。有时是以一种方法为主，其他方法为辅；有时是几种单一的方法交替使用。

（二）综合性教学方法

这是一种广义上的教学方法，它是把教学原则、教学形式、课堂结构、教学手段，单一的教学方法等都包括在内，又能完整地反映教学过程的教学方法。如魏书生创造的"定向——自学——讨论——答疑——自测——自结"六步教学法，上海育才中学总结的"读读、议议、练练、讲

讲"教学法等都属于综合性教学法。

了解和掌握综合性教学方法，有助于教师从宏观和总体上构想一节课的课堂结构，精心设计每个教学环节，综合运用各种单一的教学方法。综合性教学方法与单一性教学方法是包容与被包容关系。

二、启发式教学

有的老师把启发式误认为是教学方法是不对的。启发式是教师应用教学方法的指导思想，不是一个具体的教学方法。如讲授法、谈话法、演示法等，如果以注入式为指导就成为机械呆板地传授知识固定模式。如果以启发式为指导，就会生动活泼，收到开启学生心智的功效。因此，启发式教学的基本精神应贯穿在各种具体的教学方法之中，在教学过程中应处处体现启发式的精神。

启发式也不能简单理解为"问答法"，其实启发式教学关键并不在于多问少问，而在于是否真正调动到学生的情感和思维活动。有的课，教师和学生之间并没有过多的问答，老师只是用直观形象、生动的语言、丰富的表情和典型的事例，实现了引起学生联想、思维、培养智能的目的。这实质是启发式教学。而有的课，尽管有问有答、状似热烈，但未必就是最好的启发式教学，甚至是在漂亮答问掩盖下的注入式。

启发式也不是"发现法"。启发式教学注重调动学生认识活动的主动性，积极性。但并不是说只有发现法是启发式，而接受知识的讲授法就不是启发式。判定讲授法是否为启发式，要看学生是否处于一种主动的学习心理状态，而不是其他。

每个教师都渴望有一种既省力又高效，适于任何情况的教学方法，这实际是不可能的。因为教学是一种复杂多变的系统工程，不可能有一种固定不变的万能方法。一种好的教学方法总是相对而言的，它总是因课程、因学生、因教师的特点和条件而相应变化的。适合就是好方法，不适合，再好的方法也不会取得好的效果。教师选择方法要面向哪些实际呢？

（一）面向教材实际——因"课"选法

方法是形式，形式是为内容服务的。教学方法不能脱离教材另搞一

教育创新与课堂优化设计

套，教学方法只有抓住了教学内容特点，才能更好发挥其作用。因"课"选法就是研究教材的内容和特点，从而去选择合适的教学方法。马克思主义活的灵魂是具体问题具体分析，是从实际出发。

教师选择教法的依据，首先应从教材实际出发。教材不同，教法也应不同。不同的学科，有不同的知识特点，因此应注意选择不同的方法。就是同一学科，其内容不同，也应采取不同的教学方法。如小学课文中，就体裁说，有记叙文、童话、寓言、诗歌、说明文；就类型说，有讲读课文、阅读课文、独立阅读课文。这不同体裁、不同类型的课文本身就暗示出了文章内在的"法"，这就需要因课施法。像记叙文，是记叙人物的活动或事件的发展的。教学记叙文，就要指导学生理清事情脉络，了解记叙过程，在此基础上理解、分析文章所体现的中心思想。而诗歌教学就要更多地注重情绪的感染，多朗读、多背诵，从而体味出诗歌的意境与情感。如果不论记叙文、诗歌都来个"串讲"什么的，效果就可想而知了。而古诗、古文就要串讲。

（二）面向学生实际——因"生"选法

选择教学方法第二个根据就是学生。学生是千差万别的。从一所学校内部说有年级高低之分，有学生成绩好坏之分，从智力水平上看有个别差异。从学校外部说，有城乡差别、校风差别、班风差别。这就需要教师针对不同的教学对象，而采取不同的教学方法。例如陈立全老师在教学《鹿柴》这首诗时是这样做的。在本学校上示范课，采用了串讲法，学一句分析一句，扶着学生学习。而在指导一个老师在城关上课，他和那位老师订出了"自学、汇报、评议"的教学方法，着重引导学生自学。这样不同学校、不同程度的学生都有收获。

（三）面向教师实际——因"师"选法

每个教师都有不同的教学经历、知识结构、教学能力和性格特点。如有的擅讲擅说，有的擅写、擅画，有的擅唱、擅舞，有的则擅表演，运用到教学中来就会形成自己的教学个性。因此在选择教学方法时，就应选择那些能够或容易发挥自己特长、施展自己才华的教学方法来进行教学。也就是说，教师本身的功力不同，就应选择不同的教法。例如，教学《狼和

羊》一课，有的教师边分析边画图，让学生从图中看出狼的凶恶，小羊的善良。有的教师采用分角色朗读的方法，让学生从读中体味出狼的狡猾，小羊的善良。还有的教师引导学生表演，让学生从表演中看出狼的凶恶，使学生萌发出对小羊的同情。

所有的方法，都不同程度地帮助学生理解课文内容，达到了预期的教学目的。所以因师选法是第三个依据。总之，因课选法能使不同教材特点得以体现，因生选法能使不同水平的学生得以提高，因师选法能使不同教师特长得以施展。

（四）面向条件实际——因"物"选法

所谓"物"就是教师教学中可以利用的教学条件。条件好的学校，可以利用的"物"很多，如闭路电视、电影、投影仪、录音机、微机等。一般的学校起码有投影仪、幻灯机、录音机等。而条件差的偏远山区小学可能连幻灯机、录音机都没有。另外条件好的图书资料，以及教室、操场等条件也会有很大差异。这样，教师在选择教学方法时就要根据学校教学条件的实际出发，因地制宜。有什么条件就利用什么条件，而不能脱离本校实际情况。如果你选择一种教法超越了学校实际情况，方法再好也不能得到落实。

教学实际决定着教学方法，但却不是每一种实际，只能千篇一律地运用一种方法，"条条道路通罗马"，这就要注意它的灵活性和多样性。教学方法最忌单调死板，再好的方法天天照搬，也会令人生厌。

教学活动的复杂性决定了教学方法的多样性。教师在复杂的教学活动中应讲究一点教学艺术。教师设计教学方法，正如厨师做菜一样，同样的鸡、肉、鱼、菜，在各厨师的手下，可以用烧、煮、焖、炒、炸、蒸等法，烹调出花色多样、美味可口的佳肴。同理，教师要想提高教学效果，就应在多样化的教法上下功夫，增强教学的艺术魅力。

怎样体现教学方法的多样化呢？任何一种方法不是绝对最佳的，而在实际教学中往往是以一种方法为主，多种方法为辅，或者多种方法综合运用。例如《少年闰土》，闰土能到"我"家来的原因及外貌刻画部分，可用谈话法；闰土向"我"介绍捕鸟、拾贝、看瓜、看跳鱼等有关情节，可

用讨论法、讲演法；抒写作者强烈感受与议论的两节，可用讲授法、剥笋法（层层深入讲析）；开头倒叙描写闰土月夜刺猬的鲜明形象一段，可用演示法和情境法；总结课文时可用整体阅读法。

上面的课能注意各种教法的相互渗透和相互补充。目前有些课堂教学死板、枯燥无味，教学效果不好，总是和教师的教学方法单一有关。教师选择和运用教学方法从讲授法、谈话法、演示法，到讨论法、指导练习法、阅读指导法，教师的活动范围递减，学生的活动范围递增。

若教学目标偏重知识传授，教学难度较大，学生年龄较小，基础水平较低，则应选择讲授法、谈话法、演示法；若教学目标偏重技能的训练、能力的培养，教材难度小，学生年龄较大，基础水平较好，则偏重于选择讨论法、指导练习法、指导阅读法；需走出课堂联系社会实际的可选用参观法。

三、电化教学手段

当然，现代学校教育呼唤现代教育手段。"一支粉笔一本书，一块黑板一张嘴"的陈旧单一教学手段应该成为历史。电化教学手段的运用是实现教学手段现代化的一个重要组成部分。什么是电化教学？运用以电为动力的幻灯机、投影仪器、电影、无线电广播、电视、录音、录像、计算机、程序教学机等教学设备及相应的教材进行的教学活动。所谓电化教学手段，是指运用电教媒体进行教育与教学活动的方式、方法。

电化教学手段之所以有无限的魅力，因有化难为易、化静为动、以简驾繁、短时高效的教学功能，而越来越受到广大师生的欢迎。

第四章 优化课堂教学

第五章 课堂管理的优化

　　课堂管理是教师为了完成教学任务，调控人际关系，和谐教学环境，引导学生学习的一系列教学行为方式。教师在课堂上具有教学与组织管理的双重任务。一堂好课，不仅表现在讲授内容和结构的精心设计上，而且表现在教师高超的课堂组织和管理上。管理好课堂是开展教学活动的基石，教师必须不断地提高课堂教学管理技能。搞好课堂管理，建立和谐融洽的师生关系是基础，如何恰当地处理学生的不良纪律行为则是难点。下面就来谈谈教师如何优化课堂教学的管理。

第一节　课堂教学管理观念

教师要优化课堂教学管理。

首先，在上课前教学就应优化以下几种心理：

第一，自信，胸有成竹。"自信是成功的第一秘诀"。教师走进课堂应胸有成竹，从容不迫。一般，优秀教师对教学对象、环境、处境都有一种自信愉快的情绪。也就是说，教师每上课前都要给自己施加一个上好课的意念，对教学要充满信心、热情。要以崇高的事业心、高度的责任感促使自己排除心理干扰，以娴熟的教技，恰当的教法，引导学生自觉、主动地学习，使课堂里充满着欢悦的气氛。呈现出教和学的创造精神，使人一睹当代教师自信乐观的风采。

第二，沉稳，从容不迫。教师走进课堂应心绪安稳平静，即使遇上十分麻烦的事也要理智地处理，克服心慌、烦躁、紧张的情绪，或者将焦虑控制到最低程度，防止自己心理内耗。要做到这一点，首先，教师就要加强师德修养，热爱学生以及正确对待名利得失，用自己正确的思想来不断调整自己，经常保持心理上的平衡，及时排除不良因素的干扰。然后要认真备好课，做到胸有成竹。

第三，平静，心力专一。教师上课要专心致志，全神贯注，排除一切干扰，全力以赴。把全部精力倾注在课堂教学中，倾注在学生学习活动中。俗话说，人不如意的事十有八九。教师是社会的一员，也食人间烟火，遇到各种不顺心事是不可避免的。如夫妻吵架，邻里纠纷，孩子生

病，经济困难，亲人故去，与同事闹不愉快等。然而，职业要求教师要善于控制自己的情绪，不能将这些情绪带进课堂，只能将它埋藏在心里。

前苏联戏剧大师斯坦尼斯拉夫斯基对演员的自制力修养问题，曾用形象的比喻说："当一个人回到家里的时候，他得把鞋脱下留在室外的过道里，当演员来到剧场的时候，他也应当把自己的一切不快和痛苦留在剧院以外。"教师也是如此，来到学校里，他整个的人就属于儿童和教育事业。凡不利教育教学的情绪，都应"排除"于教室之外。

目前，中小学教师管理课堂的方法大体可分三类：

（一）强制型

这种类型的做法是，重视课堂纪律，惯于严格的管理，不惜使用各种高压手段，强迫学生就范。这种方法虽可维持课堂秩序，但效果往往是暂时的、表面的。长此以往，会使学生产生仇视心理，丧失自信心，乃至养成他们虚伪、欺骗的行为。

（二）放任型

这种做法是放任对学生的管理，给学生以自由。这里有两种情况，一是有的人就主张不要对学生管理过严，让学生依其天性而发展，顺其自然，而不必用教训和纪律约束他们。二是有的教师教书不教人，管教不管导，不想去管理学生。放任型的课堂教学必然是一盘散沙，不能形成良好的课堂教学秩序。

（三）民主型

这种类型的老师主张通过理性，运用宽严得当的方法来管理课堂。用教师本人人格的感化力量来培养学生良好的行为习惯。教师处处以身作则，言行一致，以循循善诱的态度，去管理课堂。以身教代言教，以诱导代惩罚，以辅导代管理。禁止一切压抑专制的方法，但不能使学生滥用自由，走放任的道路。

以上三种管理课堂方式哪种好呢？显而易见，民主型的管理课堂方式是最科学的。

著名学者李良特和怀特在勒温指导下进行的关于集体气氛的研究。他们在由 5～10 名男孩所组成的四个集体中，各委派一名成年人，分别行使

专制、民主、放任三种类型的领导和管理。其结果是：在民主型领导管理下，成员之间的友好性和参与集体的程度高，活动的组织程度高，效率也高。在专制型领导下，以集体为中心的和有组织的行动为主，对领导容易产生不满情绪。而在放任型的领导下，有组织的行动和以集体为中心的活动少，成员对领导的满意度也低。从上述结果可知，以民主型的方式管理集体，气氛最佳。而这里的民主型含义，与理性感化是基本一致的，它们都是当代民主化思想的反映。所以，我们应大力提倡民主型的课堂管理模式。

另外，从今天一些优秀教师管理课堂的成功经验中也证明民主型课堂管理方式是十分科学的。例如，魏书生的课堂管理就是属于民主型的管理模式。他主张民主和科学，他让学生写日记，写说明书，写作文，制订自我教育计划。他让学生制订班规班法。他在作出重要决策时同学生商量，举手表决，这一系列的做法充分体现了民主管理。他的做法培养了学生自觉自发地遵守课堂纪律，又不致过分严格和呆板，也不会流于放纵和任性。还可以使课堂仍然充满着活泼主动、热烈祥和的气氛，从而保证教学活动的有效进行。

综上分析，我们应大大提倡民主型课堂管理模式，应该尽可能地克服强制型和放任型的课堂管理方法，从而使课堂管理逐步走向科学化。那么，怎样实施民主型的课堂管理方式呢？

一、转变观念，增强民主管理意识

能否实施科学民主课堂管理，首先取决于教师是否有民主管理意识。就目前情况来说，教师要实行民主管理，必须树立以下几种管理意识：

（一）把学生视为管理者，变"对手"为"助手"

在以往的观念中，学生眼里，我总是被教师监管的人。老师眼里，学生总是老师监管的对象，我管你服。所谓"这些学生离了老师就玩不转"说的就是管与被管的关系。在这种情况下，学生与老师如同警察与小偷的关系。学生成了老师课堂管理的"对手"。

现在我们就要转变这种观念，要把学生既看作是被管理者，又要看作

第五章　课堂管理的优化

是管理者。教师尊重信任学生，发扬民主，改变管理上的"家长制"、"一言堂"。班上每个成员既参加管理，又接受管理，都处于管理和被管理体系之中。对这个问题，魏书生谈过自己的深刻体会：

有时老师跟学生之间不是"助手"关系而是"对手"关系。一个人遇到那么多"对手"那就很累。双方都很累，但累得不是地方。我强调的是助手关系。因为我也干过当"对手"的事。

刚一开始当班主任的时候，那些学生都把我当作"对手"，我刚一离开教堂，班长就跑过来报告说："班上打起来了！"我们班上的北窗户就成了我和学生之间监视和反监视的前沿，我只要一露头，他们的反监视网就以最快的速度传递下去，然后停止各种"违法"活动，开始伪装为我学习。这时我和他们讲，咱们之间的关系是什么？"坚信每个学生的心灵深处都有老师的助手，同时老师也是每位学生的助手"。

不管是什么样的学生，都有上进心。用这一部分上进心的因素教育一部分后进的因素，这就找到了教学的助手和教育的助手。

（二）把班级视为管理群体，变个人管理为集体管理

在课堂管理中往往有这样的情况，一个学生可能对老师的批评不以为然，但怕受到同学的责备和埋怨。或者说，单靠老师个人的力量，帮助一个学生较为困难；而集体的影响，会比较自然而有效地帮助一个学生。这就是集体环境的特殊教育管理功能。

例如，有位姓王的同学，这个学生作业书写十分潦草，教师评讲时没有点个人而是点小组："三（乙）组有位同学的作业大概有五分之一的字根本辨认不出是什么字，不知组上发现没有？还是发现了无法解决？"课后组上研究决定：一提笔，对这位同学就要提醒，写的过程中要检查一两次；组上每两天开一次情况分析会。不到一个月，这个学生作业书写面目一新。家长高兴得了不得，说这个毛病延续了五六年，批评、扣分、罚抄，请家长都没有解决。

这就是集体教育的威力。但是，目前尚有许多教师在课堂管理过程中，还习惯于单枪匹马地孤军作战。这种"单兵教练"是把管理看成是一对一的关系，而忽视了学生集体的存在，丢弃了集体和学生自我管理的功

能，因而也就削弱了自身的课堂管理能力。前苏联教育家马卡连柯说："教育了集体，团结了集体，加强了集体，集体自身就成为很大的教育力量。"教师必须要转变观念，增强民主意识，改变那种单枪匹马地孤军作战的管理课堂模式，走群众路线，利用集体，师生共同管理课堂。这样才能使课堂管理立于不败之地。

二、建立"班组对"三级管理体系

江西省特级教师张富对建立"班组对"三级管理体系做了深入研究，颇有见地，这里作一简介，以供老师学习参考。

（一）搞好大班小组对子的组合

一般说来，管理对象在未经组织前是无序的，杂乱无章的。管理的任务在于通过一系列组织分配、协调等整体活动，把系统内各种分散的、互不相关的因素转化为有序的，具有一定目标、一定结构和功能的整体。

班上组织两张课桌四个人小组，好差搭配，四人又分两对，构成大班全面管理，小组具体管理，对子相互管理的立体网络。

三种组织，小组是重点，它是大班的"派出机构"。小组人少，便于管理和人人参与；灵活，便于单独活动，也便于"联组成班，拆组为对"；无距离，四人同桌共凳，面对面。教学过程中，把班组对联合起来，就能使教学与管理进行得更活跃，更有成效。

（二）实行全面管理

1. 大班活动管理

尽管增加了组对活动，但大班活动仍是主要的，因此要集中力量加强大班活动管理。要求做到：教师讲授、同学发言时，不议论，都认真听取、思考；自学时，不发问，充分用眼、用手、用脑；讨论时，不允许独自去看、去做，要用耳听，用口说。整个过程活而不乱，令行禁止。

2. 组对活动管理

既要把组对活动作为大班活动的补充，又要作为大班活动的扩展、深化。小组活动一开始，前两人就要及时转身子坐好，四人共一桌。试读、说任务，要轮流读、说，并进行评议；是检查任务，要逐个检查，该改正

的改正，该报告的如实向教师报告。对子活动由成绩好的牵头，以收到以好带差之效。组对活动都由组长负责，不能领导好活动的组长要帮助，或调换。组长也可四人轮流担任，也可设两位，轮流负责。

3. 自改和互查管理

实验把矫正作为学习者必须完成的学习环节，作为培养自我完善习惯的途径。这只有在严格组织与管理才能收到预期的效果。要落实"三种笔"：钢笔写的是独立完成的，不扣分；圆珠笔写的是借助书本和他人力量自己改正的，要适度扣分；铅笔写、画的是漏改、错改的，应加倍扣分。因此必须：自改一开始就以组为单位坐好，换好笔，相互监督；组长要督促大家抓紧时间，出现疑难问题要组织讨论；教师宣布停止自改要及时把本子收齐上交。互查是发现他人差错的过程，要落实"一对查两本，一本经两人"；成绩好的先查成绩差的本子，成绩差的先查成绩好的本子，然后互换，并签名以示负责。教师课后复查记分时留意了解掌握互查情况，表扬认真的，教育不认真的。

4. 小组和对子组合管理

坚持好差搭配，以好带差，当出现带不动（差的比例过大）或带的任务过轻时，教师要及时作出调整，同时发动全体学生都来关心组对建设。

全面管理还包括评价管理、学习成绩管理、时间管理、听读说写训练管理等，限于篇幅这里就不一一介绍了。

三、建立三个系统

魏书生在民主科学化课堂教学方面成绩斐然，这里介绍他建立三个管理系统的做法，供老师学习参考。

所谓科学，就是从管理的角度组织语文教学，减少无效劳动，帮助每位同学都成为管理者。我通过建立三个系统，提高语文管理自动化的程度。

（一）建立计划系统

计划分三类，其一，按时间范畴定的计划，即把和语文教学有直接和间接关系的 34 件事，分成六类，制订日、周、月等常规，使学生明确到什

么时间该做哪件事。其二，按空间范畴定的计划，叫做事事有人干，人人有事干，使学生明确哪件事由谁具体负责。其三，对偶然接受的学习任务，也制订计划，制订程序，以提高效率。

（二）建立监督检查系统

建立一系列的计划、规矩、制度不是一件困难的事情。困难在于说了算、定了干，一不做、二不休，坚定不移地执行。要将计划落到实处，我们建立了行之有效的监督检查系统，建立了自检、互检、班干部检查、班集体检查、教师抽检五道关口，并规定了各道关口具体的检查办法与补救措施。

（三）建立反馈系统

只有计划系统和检查监督系统还不是一个完整的语文教学管理系统。因为任何计划、制度都只适合于一定的时空范畴，一旦时空条件发生了变化，还非要按老规矩办事不可，就免不了要犯错误。为使语文学习适应变化了的时空条件，我们建立了反馈系统，确立了个别讨论、班干部反馈、班集体反馈、家长反馈等四种方式。保证了学习计划、制度符合学生、家长、干部、教师的心理实际，也保证了在时空条件发生较大变化时，计划、制度能从新的实际情况出发，得到及时的修改、补充，甚至废除。制订了较完善的语文教学管理制度计划，并坚决执行，再建立了检查监督系统和反馈系统，这样就基本走上了以法治语文教学的轨道。

四、学习规范训练

洛克说："事实上，一切教育都归纳为养成儿童的良好习惯，往往自己的幸福归于自己的习惯。"建立良好的课堂常规，让学生遵守学习规范主要在于训练学生形成良好的学习习惯。俗话说，习以为常，习惯成自然。学生学习规范训练的内容包括以下几个方面：

（一）课始

上课铃声一响，学生应精神饱满地就位。起立、敬礼、整齐坐下，这些规范不仅是开始上课的仪式，还是师生对课堂学习的一次感情交流。

（二）课中

学生在课堂上，行为若懒散，精神必涣散，为使学生集中精力学习，

应该要求他们坐端正，不东张西望，积极举手发言，认真看课本读课文……对课堂学习通常要做的一些事，仅提出要求还不够，尚需想一想学生达到这些要求有什么困难，问题在哪里，应该提供什么帮助，采取哪些措施，进而制订各种规范。

（三）坐姿

坐姿也很重要。有的同学习惯于两脚乱伸，身子歪斜半躺半坐在椅子上，无精打采。双手背后对坐正听课有些作用，但学生感到疲劳，学习起来也不方便，听讲不必将手背后，学生自己选择合适又便于学习的位置放好即可。坐姿的规范要求是：脚放平，手放好，眼看前。

（四）拿书

课堂上学生应该怎样拿书呢？总拿在手里容易疲劳，放在桌上不利朗读。它的规范应是：朗读时双手将课本拿好，要立着放在课桌上，距眼睛30厘米远。听讲及默读时课本翻到相应页面平放在桌面上。

（五）举手

课堂举手也要规范，但要灵活一些：一般问题举手发言。有些独立思考成分大，以谈个人想法为主的问题可以抢答，畅所欲言，各抒己见。凡要求举手回答的问题，教师提出问题可举起右手向学生示意。对允许抢答的问题，教师也应该用约定的手势向学生示意，使学生明确哪些问题需举手回答，哪些能抢答。

（六）文具

有的学生课堂上玩文具，影响注意力，有的学生乱拿乱放，该用时找不到，耽误学习。因此应有以下规范：待老师讲明学习任务、要求之后，轻轻打开文具盒，拿出所需的文具，用完及时收回去。

课堂学习规范不限于以上这些种，从上课到下课，学习过程中通常还要做哪些事，学生怎样才能把一件件事做好，教师要全面、细致地考虑分析。制订出一套课堂学习规范，使教有章法，学有规范。

五、形成习惯

要让学生的学习规范在课堂形成常规就必须通过训练而形成习惯。习

惯是由于重复或练习而巩固下来的，并变成需要的行为方式。它是比较稳定的动力定型。这是大脑皮层根据刺激的特点，依照一定先后稳定的秩序和强弱位置而构成的条件反射系统。只要前面刺激物一出现，就可以引起一系列反射活动。比如学生形成课前准备的良好习惯，当下课铃声响过这一刺激出现以后，学生就会按着自己习惯的顺序，把下一节课需要用的课本、笔记本、文具等准备好，摆在桌子上，久而久之形成动力定型，养成习惯。教师对学生学习规范训练应抓好下面几项工作：

（一）制定计划，明确目标

学习规范应该一条一条地建立起来。先抓哪条，后抓哪一条，要有个计划，目标明确抓一条就要落实一条，扎扎实实。

（二）训练要早，要求要严

学习规范训练越早越好。训练中要严格要求，经常检查。如学生坐姿要求挺胸抬头，胸部和课桌相距一拳远，这样学生就不能东倒西歪随随便便，出现了个别现象就要及时纠正。

（三）具体指导，正确示范

由于有些学生的理解力和自制力差，往往对的学习规范接受得不好。这时教师就要做具体的指导，必要时进行示范。例如要求学生写字看书要做到"三个一"，教师就应适当进行示范，给以具体指导。

（四）表扬鼓励，及时强化

教师发现学生在遵守学习规范方面有了进步就要表扬，及时给以鼓励。这种强化，一方面会使学生把取得的成绩巩固下来，另一方面又会激起学生进一步做好的愿望。在表扬时也可以把做得比较好的学生树立榜样，号召其他同学向他们学习，开展竞赛，这有助学生尽快建立学习规范。

在训练学生学习规范时教师要经常和学生进行感情上的沟通，互相尊重，互相理解。只要师生之间彼此协调、配合默契，课堂学习的规范就容易建立起来。

第二节　构建良好的师生关系

　　教师在课堂上具有教学与组织管理的双重任务。师生关系既是一种特殊的社会关系，又是一种特定的"心理交流"的关系。师者，传道、授业、解惑也。一位优秀教师，就是一位开发人才资源的科学家、专门家。教师不仅是经师，还是人师。从上面教师同学的多重关系和教师的职能来看，教师必然要发挥主导作用。教师要为学生的一生成长负责，教师必须勇于担此重任。

一、师生平等

　　教师在师生关系中起主导作用，但这并不意味着教师对学生可以越俎代庖地主宰一切，学生总是处于被动接受和绝对服从的地位。师生之间是一种平等关系。

　　首先，从我国社会主义制度上说，人际关系是民主和平等的新型师生关系，任何彼此不尊重的现象都是不准许的。一方面教师对学生要关心和爱护；另一方面学生对老师要尊敬和信赖。

　　其次，从师生的多重人际关系看，教师与学生不仅存在领导与被领导、教育者与被教育者的正式人际关系，还存在朋友之间的非正式人际关系。而朋友的关系就是平等的，相互尊重和信任的。

　　再次，从素质教育角度上谈，呼唤人的主体精神是时代精神中最核心的内容，要想充分发挥学生的主体精神，调动学习的主动性、积极性，学

生总是处在老师随心所欲提来提去的"泥人"地位或像教师灌输的"容器"一样是不能实现的。而只有发扬教学民主，师生处在平等地位上，教师的主导作用通过发挥学生学习主体作用来实现，学生的主体精神才能得到真正的发挥。

二、教师的爱

在教学过程中，师生关系是最活跃的。教师、学生都是有情感、思维的教学统一体。师生在情感交融，进而达到师生情感的共鸣。情感将会滋润认识活动。所以，师生间的感情有着重要教学功能。师生关系的核心是尊师爱生，而其主导方面是爱生。教师对学生无私的深挚的爱，不仅是建立良好师生关系的基础，更是教学成功的前提。研究表明，教师对学生的爱有如下功能：

（一）唤醒动力的激发功能

万物生长靠太阳，雨露滋润禾苗壮。和植物生长依赖于雨露阳光一样，学生的成长和发展，也离不开教师的爱，毫不夸张地说，师爱是青少年学生生理发育、心理发展不可缺少的"雨露阳光"。对于学龄前的儿童，父母的爱是他们身心发展的必要条件。入学后，教师的爱则是他们成长的另一个必要条件。

有人考察证明，出生后离开母亲的关怀照顾，被送到孤儿院的儿童，尽管物质生活有保障，但其心理与正常儿童不同，有恶化迹象，智力水平下降。日本心理学家葛森指出，青少年有五种最关心的事情，其中居第一位的是"关心教师和自己的关系"。

我们从日常的观察中也都看得到，学生普遍希望和渴求得到老师的喜爱与器重，也十分珍惜老师的爱，他们很小心接近老师，注意观察老师对自己的态度。学生年龄越低，对这方面的反应越强烈。老师的一个眼神、一丝微笑、一个动作都会在他们心灵的池水中击起层层涟漪，师爱是最能使学生心灵发生作用的一种情感。从心理效应看，教师对学生人格上的尊重信任，生活上的关心体贴，思想上的耐心教育，会唤起学生积极、愉快的情感体验。使他们在受到尊重的心理需要得到满足时，有利于发展自我

价值感、成就感。特别是教师的爱抚、赞赏、表扬，常使他们激动不已，愉快、欢乐、兴奋、自豪，乃至彻夜难眠。伟大的师爱孕育和激发他们的进取心，使他们对生活和未来充满信心，对理想有了追求的目标，对学习有了兴趣和愿望，奋发向上。这就是丁溶老师说的"用教师生命之火，点燃学生生命之火"的伟大教育力量之所在！

反之，学生缺少教师的爱，则会在心理上产生负向效应。教师冷酷的表情、粗暴的方法，可能会伤害学生的自尊心、自信心，造成学习不求进取，生活失去信念，乃至自卑、绝望。这无异于对学生前途的断送和对未来的扼杀。诚如英国哲学家罗素所说："凡是教师缺少爱的地方，无论是品格，还是智慧都不可能充分地或者自由地发展。"

期望是师爱转化成学生前进动力的媒介。美国心理学家罗森塔尔和雅各布森所做的"皮格马利翁效应"实验证明，教师热切地期待，可以产生一种巨大的感召力和推动力，激发起学生潜在力量，使学生如老师希冀那样有所进步。如有位同学说得好："当老师用期待的眼神望着我，我的学习劲头就上来了。"总之，师爱是激发、感召、唤醒学生进取心，上进心的一剂"良药"，是理想、抱负的"生长素"，是学习兴趣的"催化剂"。

（二）情通理达的疏导功能

一个软的不吃、硬的不怕，"刀枪不入"的后进生，在家长棍棒、皮带下可能"无所畏惧"，不流一滴眼泪，但他们有时在师爱的一件小事的感召下，可能热泪流淌，泣不成声，这便是师爱的教育威力。

人是一种有感情的动物，学生对来自教育者的教育是否接受，不仅仅取决于讲的道理是否正确，还要看师生的感情如何。苏霍姆林斯基说："只有尊敬别人的人，才有权受人尊敬。"赞可夫说过："儿童对教师的好感，反映是很灵敏的，他们会用爱报答教师的爱。"尊师不是自发的，而是在教学过程中形成的，是对"教师爱生"的反应。所以，教师只有首先真诚地爱学生，和学生心心相印，忧喜与共，才能赢得学生的爱戴和尊重。所谓"投之以桃，报之以李"也就是这个道理。心理相容，感情融洽，严厉的批评，也能心悦诚服；感情相悖，金玉良言也充耳不闻。这是因为"情不通"则"理不达"。中国有句老话："酒逢知己千杯少，话不

教育创新与课堂优化设计

投机半句多"，热爱学生，与学生建立良好关系的教师在教学上也更能取得成果。

三、教师的威信

教师在学生中建立崇高的威信是优化师生关系的又一重要条件。

预备铃响后，新教师小唐站在教室门口，面对仍在吵吵嚷嚷的学生一筹莫展！可他看看邻班教室的学生也是如此，便又松了一口气。

突然，邻班教室安静下来了。唐老师感到十分好奇，转身一看，原来是邻班的崔老师也站到了教室门口。崔老师上课纪律特好，倒没想到竟如此"立竿见影"。下课后便请教崔老师，问有何"秘诀"。崔老师笑而不答。追问再三，他才说这没有什么奥秘，只要注意做到三件事就行：第一，要会上课，一丝不苟地把课教好，使学生喜欢听你的课；第二，对学习，对课堂纪律有严格的、一贯的要求，使学生养成良好的习惯，同时要关心、爱护学生，使学生觉得你既严肃又和蔼可亲；第三，严格要求自己，处处为人师表。

这三点意见表面平淡无奇，实质却字字句句重千斤。集中体现了一种力量——威望效应。教师的威信在组织教学中产生了神奇的作用。

威信是一种无形的力量，它在教师组织教学中潜移默化地起着作用。在课堂上，我们常常会看到这样一些情况：一个在学生心目中享有威信的教师来上课，全班同学情绪振奋，注意力集中，课前急不可待，课中认真学习怕下课。而一个在学生心目中没有威信的教师来上课，学生马上感到"没劲"，无精打采，课堂上注意力分散，表现出厌烦，心中想的不是如何配合老师上好课，而想的是如何"对付"老师，"应付"这节课。

在优化师生关系和加强课堂管理中，教师必须重视威信的作用。不过，"冰冻三尺非一日之寒"，教师威信的建立不是一朝一夕的事，而是在长期的教育教学活动中，经过不断的努力逐步积累起来的。研究表明，教师的以下做法和表现容易丧失威信：

（一）缺少爱岗敬业精神。如上课懒懒散散，打了铃以后才匆匆赶来，备课不认真，甚至连教案也不带。上辅导课时常带着自己的私活来做等。

这样的教师，要求再严，学生也不会服。

（二）业务水平不高，教学方法不好，被学生视为"无能"的教师。

（三）对学生的要求虎头蛇尾。有的教师向学生提出这样或那样的要求，但说过以后没有检查，也没有督促，如此三番五次，学生摸到了老师的底，便再也不会把老师的要求当作一回事了。

（四）随便向学生许愿，但总是不兑现。如对学生说："你们认真听课，下节课我给你们讲故事。"过后没有那么回事，学生知道是哄他们，教师的话没有力量了。

（五）有的老师软弱无能，工作缺乏魄力，学生说他"粘粘糊糊像面团"，这样的教师说话也没有人听。

（六）缺乏自我批评精神，明知错了，也要强词夺理，或者对自己的要求不严格。不能以身作则。

（七）教育方法简单粗暴，体罚、变相体罚学生，讽刺挖苦学生。打骂体罚学生不仅有损教师的形象，是师德和教育法规不允许的，而且在学生心目中是无能的表现。这自然会丧失教师的威信。

杰西德调查发现，学生讨厌的老师有十几条缺点：1. 一向训人；2 过严；3. 情绪不稳定和不好；4. 留做不出来的作业；5. 不耐心；6. 不和学生在一起；7. 讨厌学生；8. 服装不整齐；9. 不笑；10. 说坏话；11. 体罚学生；12. 不公平；13. 偏爱；14. 教法不定；15. 不容易接近。以上这些做法教师应引以为戒。

自然，教师威信易于丧失之处，恰是教师威信建立之处。通常来说，教师要建立良好的威信，应从以下几个方面作出努力：

（一）**热爱教育事业。**魏书生之所以赢得学生们的尊敬和信赖是他痴心教育事业。为了能当老师，他曾提出过 150 多次申请。有事业心的人，才会有责任心，才能一丝不苟地工作，才能努力探索教育规律。可见教师热爱教育事业，热爱学生是威信形成的关键。

（二）**知识渊博。**有些教师之所以威信低就是因为业务水平低。有些老师由于有较高的专业知识，课讲得特好，使学生很佩服，就一下子把威信提上来了。

（三）教育方法得当。教师在教育学生的过程中讲究方法，尊重信任学生，虚怀若谷，以理服人，讲究分寸，耐心、豁达，避免冲突，受学生欢迎。

（四）为人师表。"学高为师，身正为范"，教师要在学生中树立起自己的威信，还要严于律己，为人师表。要求学生做到的首先自己要先做到。榜样的力量是无穷的。只要教师言而有信，时时处处给学生作出示范和榜样，威信就会逐渐建立起来。

（五）讲究仪表。教师不讲卫生，懒散，不修边幅，衣冠不整，对人粗野，遇事敷衍等也会降低威信。所以教师要讲究仪表风度，给以气质非凡、衣冠整齐朴素之感。

前苏联政治家加里宁说："教师的世界观，他的品行，他对每一现象的态度，都这样或那样地影响着全体学生，这点往往是完全觉察不出的，但还不止如此，可以大胆地说，如果教师很有威信，那么这个教师的影响就会在某些学生身上永远留下痕迹。"假如教师能够热爱学生，热爱教育事业，真正成为学生的楷模，精湛的教学艺术能打开学生的智慧之窗。

第三节 不良纪律行为管理

教育创新与课堂优化设计

每个老师上课的时候，都可能遇到学生违犯课堂纪律的现象。如学生有大喊大叫的，有下地乱串的，有交头接耳的，有写作业的，有看课外书的，有睡觉的，有乱翻书包的……怎样处理这些问题呢？有的老师声严厉色地点名批评；有的教师敲桌子，砸黑板；有的教师投掷粉笔头打学生；有的老师令学生到教室前面罚站，有的教师干脆把学生赶到教室外面去，还有的教师付诸武力。实践证明，这些做法都不是很明智，效果也不甚理想。

一、现状

所谓不良纪律行为是指学生在课堂上违犯纪律或学习规范的行为。

心理学家蒂伯尔曾做过一次抽样调查，要求实习教师谈谈他们在课堂教学中最担心的问题，这些教师大多提及课堂纪律，其中约有75%的教师担心维持不了课堂秩序。经过几年教学实践，有一半教师消除了这种忧虑，放松了紧张的情绪。问他们为什么觉得心情舒畅，回答最多的还是"保持纪律"。又如，希尔松曾对英国72所中学的201位教师进行调查，发现教师平均每天对每个行为不端学生要花9分钟的时间进行教育，最多的要花20分钟。同样研究在小学里也发现，小学教师每天有4次或更多的次数处理学生的纪律不良行为。而且，5年教龄以下的教师训斥学生不良行为是有经验教师的2倍。

从上可以看出，处理学生课堂纪律问题，不仅直接影响教师的教学，而且会白白浪费教师大量的教学时间。学生课堂纪律不好直接影响教师上

课情绪。经常上课的老师都会有这样的体会。如果这节课学生课堂纪律特别好，老师上课心情舒畅，精神饱满，信心十足，课就会上得顺利，效果也好，甚至还会有超水平的发挥，即备出 8 分水平课，而发挥出了 10 分水平。反之，这节课学生纪律不好，有学生在捣乱，课上得不顺利，这会直接造成教师上课的情绪下落，备课准备了 10 分水平，可能才发挥出 6 分水平。所以，从这个意义上说，研究课堂纪律也是十分重要的。

另外，在处理学生纪律不良行为过程，师生最容易发生矛盾冲突，也最容易出现体罚学生现象。这不仅会直接影响师生关系，而且还容易酿成不良后果。

目前，中小学教师在处理学生纪律不良行为中多种多样的惩罚现象还是普遍存在的。如拳打脚踢的"体罚"；经济制裁的"财罚"；错写一个字罚写一百遍的"脑罚"；让学生当众受辱或出丑的"辱罚"。还有把学生扣留在校或剥夺学生上课的权力，把学生赶出教室等。据美国全国教育协会调查教师对惩罚的看法。约有 70% 的教师认为，对小学生施以惩罚是正确的，约 55% 的中学教师赞成对中学生施以惩罚。

英国心理学家瑞格对学生的课堂纪律做过较为深入的研究。对学生课堂教学中不良纪律行为的表现，瑞格等人从 1020 个课堂片断进行分析。他们是从上课开始的 20 分钟到 25 分钟进行观察的，这段时间恰恰是在课堂教学进行到 2/3，学生的生理因素和心理因素急需调节的时候。调查显示，大声说话，思想开小差，讲废话等出现率比较高，而打架，污辱同学和教师的情况比较少。这说明，在不良纪律的行为表现中，不良纪律的程度并不严重。在课堂教学过程中，纪律不良的轻度表现约占整个纪律不良行为 2/3，而真正严重的纪律不良只占 2%。

二、不良纪律行为产生原因

那么，学生不良纪律行为产生的原因是什么呢？主要有以下几点：

（一）教师方面的原因

1. 教师教学态度上的原因

实践证明，相当一部分学生课堂纪律问题是由教师的教学态度不当引

起的。如有的教师上课迟到，工作习惯懒散，组织教学不利，或不注意自己的仪表和风度，衣着不整，举止不文雅，动作不规范等。

2. 教师教学方法上的原因

有的教师不认真备课，不采取措施去激发学生的学习积极性，教学方法千篇一律，死板单调，枯燥乏味。尤其教师的"满堂灌"的单调刺激，唤不起学生学习兴趣，于是学生交头接耳，搞小动作，注意力分散。

3. 教师组织教学上的原因

有的老师教学内容处理不当，或过难，或过易。有的教师讲课速度过快或过慢，这都会影响学生的学习积极性。如前松后紧或前紧后松，这给学生松懈情绪的机会，因为没事干而思想开始溜号。

在组织教学中，有的教师未等学生注意力集中，情绪尚未稳定下就开始上课，而导致教师在一片吵闹中上课，显然效果不好，还有的教师利用上课时间收发作业本，人为造成混乱。如有位教师一开始上课就收学生的作业本或发作业本。教师和其中一个男孩子对话：

"这本子很薄。"

"是的。"

"怎么会变薄的？"

"我在本子上画画了，涂过后就撕掉了。"

另一个男孩说："老师，他把本子作手纸用了。"

教室里一阵喧嚣，学生们大声议论这本作业本。这样至少15分钟后才能正式上课。

4. 教师教育方法上的原因

教师对学生态度生硬，急躁粗鲁，主观武断，或者用尖刻的语言讥讽、侮辱、谩骂学生，或者采用体罚和变相体罚对付学生，引起师生关系紧张，激起学生对教师的反感和对立情绪。例如以下几种压制、恫吓、挖苦、威迫的做法很容易激起学生的对抗心理，会引起学生更多的课堂不良纪律行为。

（1）挖苦式。"你呀，脸皮有一丈厚，拖拉机的犁铧也耕不透，真不害臊！"

（2）弹压式。"你不服气？我罚你扫一周地，告诉你，今天做不下一百题休想回家吃饭，让你啃啃硬骨头。"

（3）挑战式。"是老师大，还是你大？若治不住你就不当老师了。"

（4）告状式。"好，咱先到校长主任那里走一走，然后去见你爹妈！"

（5）预言式。"你是豆芽子，长一丈高也是菜，天生的笨蛋！"

（6）比较式。"你和某某同学一样，都是一天上八课，但论成绩相差十万八千里！"

（7）记账式。"我现在不理你，早晚和你算账，跑了初一，总躲不过十五。"

（8）挑拨式。"这堂课可真让他搅得上不成了，大家看咋办？"

（9）驱逐式。"如果不愿听我的课，请马上出去。"

（10）罢课式。"好，我教不了你们，不教了。"

另外，同一班级的任课教师之间不协调，不配合，对学生要求不一致。尤其是班主任和科任老师协调不好，容易造成学生管理上的松懈。

教师缺乏课堂教学组织管理能力，不善于维持课堂教学秩序，不善于处理学生违纪行为，往往使矛盾激化，事态扩大。

（二）学生方面的原因

1. 学习困难与对抗心理

由于先天禀赋、后天教育，以及本人努力等原因可能会使学生出现学习成绩和能力的差异。好学生能紧跟老师的教学步伐这不必再说，差生在学习过程中就会经常发生困难，造成失败。由于这些学生得不到老师和家长的正确对待，老师的冷遇、同学的歧视、家长的打骂使他们产生对抗心理。他们对失败很恐惧，或者变得愤世嫉俗。在课堂上有时表现出玩世不恭的态度，有时故意和老师作对，甚至报复。由于他们自尊心长期被伤害，对老师说的每一句话，做每一件事又特别敏感，心中有"防御工事"，一旦老师触及了他们，为了在同学面前要面子，维护尊严，他们就会爆发，这样师生在课堂上的一场冲突就不可避免。

2. 学习习惯与方法

有的学生在课堂上不能遵守学习规范和纪律是因为没有养成良好的学

习习惯。每每上课不是在下面摆弄东西就是前后桌捅捅咕咕，贪玩，精力不集中。有的学生是因为没有掌握正确的学习方法，学不进去，对学习没有兴趣，因此课堂上注意力分散。

3. 气质与性格

在课堂上违纪的学生与他们的性格和气质有关。如研究表明，在违反课堂纪律方面虽然四种气质类型的人都有，但胆汁质气质类型的学生更多一些。如他们在班里表现为急躁、粗暴、易怒、容易冲动、爱发脾气、受到表扬时洋洋得意，受到批评又士气低落。因为他们好斗，喜欢挑衅、好动，特别是受外界引诱，言行容易失控。因此在班里的调皮捣蛋鬼，惹麻烦、出乱子的学生中，有许多是胆汁质气质类型，而其他气质类型的学生违纪现象相对能少一些。

另外，人的性格又分为外倾性格和内倾性格。外倾性格喜欢交际，迎合热闹，寻求机会向外活动，善于猎取惊异的事物，而且胆子也比较大。因此，比较而言，外倾性格的学生更容易违反纪律。

4. 多动症

在学生不良纪律行为中有些是由于儿童神经发展迟缓或神经功能障碍造成的"多动症"所致。心理学上把这种现象称作"脑功能轻微失调"，简称 MBD。其特征是自我控制能力不足，主要表现为注意力涣散，活动过度和冲动任性。患有 MBD 的学生，学习成绩还可以，但在上课时不能控制自己的行为，有时恼怒同学，有时在老师讲课时大声插嘴，甚至讲笑话逗大家哄堂大笑，以致严重影响课堂教学正常进行。据西方一些心理学家的调查研究发现，在学龄儿童中 MBD 者约占 5%。目前，MBD 已经成为小儿科、神经科、精神科、心理学和教育学的一个重要课题。

三、教师可采取的策略

处理学生课堂不良纪律的行为，是一件比较复杂的问题。教师可根据以下几种策略，灵活处理。主要如下：

（一）暗示策略

所谓心理暗示就是用含蓄、间接的方法对人的心理状态产生迅速的影

响的过程。教师在组织教学处理学生纪律不良行为时可采取以下的方法：

1. 表扬暗示。这是当教师发现有的学生思想溜号时，不直接批评，而是表扬全班同学，或表扬比较好的学生，从而对思想溜号的学生发出警告。

2. 示目暗示。示目就是教师用目光注视学生。这种暗示是教师直接用表情、动作向学生暗示。

3. 语调暗示。课堂上，教师语言也是一种刺激。假如教师在课堂上改变常规的语调，突出在不应该停顿的地方停止，或不正常地延长停顿时间，或者特别加重语调，也往往就会引起学生的无意注意，"此时无声胜有声"。

4. 动作暗示。这种方法是当教师发现有的学生课堂不守纪律时，不改变正常教学，而是用接近他的方法，向这个学生发出暗示。

5. 提问暗示。这种方法是教师通过提问向学生直接发出暗示。但这种方法要运用恰当，不宜多用。当然提倡暗示教育，并不等于不可以公开教育，这将在后面加以说明。

（二）冷处理策略

在管理课堂教学中，作为教师最忌讳的莫过于和学生正面发生冲突，或争吵，或对骂，或对打，这种"热处理"其结果往往是两败俱伤。一是受教育者一时难以接受教育；二是整个课堂教学会受到冲击，影响正常教学；三是影响教师形象，使其威信下降。所以，教师课堂管理应坚持"冷处理"的策略。

所谓"冷处理"，指教师在处理学生课堂纪律不良行为时，尤其是师生发生冲突和矛盾时，教师首先冷静下来，不和学生争斗，或搁置矛盾，或转移注意，使问题的处理变冷，待事后心平气和时再作处理。从心理学上说，激情是人的心理现象，是情感的一种特殊表现形式，它是受到某种强烈刺激、猛烈爆发而又短暂的情绪，如爆怒、痛哭、狂笑等。人在爆发激情时理智下降，自制力降低。因此人们在这种情况下最容易冲动，做出傻事。所以，课堂上常常会发生学生骂老师，或者老师打学生，这多半是师生爆发了激情，双方火气太大所造成的结果。

所以，颇有教育经验的教师不会轻易去触发学生的激情，一是尊重学生人格，不讽刺挖苦体罚学生，不用过激的语言去伤害他们，批评教育讲分寸、场合、地点；二是一旦学生出现了激动的情绪，马上就冷静下来，缓解矛盾，而不给学生以火上浇油，不在火头上和学生争高低，一定要等他们情绪稳定下来心平气和时再去做工作。

俗话说："冷静是智慧的源泉，急躁是无能的表现，火气一来智慧就走开了。"教师在课堂管理上一定要遵循冷处理这一策略。教师不能和学生在火头上争高低，无论遇到什么样的问题，盛怒之下，注意克制自己，冷静再冷静。这正是"人类工程师"的教育艺术之所在。

（三）宽严相济策略

所谓宽严相济就是在处理学生课堂违纪行为时既要严格要求又要宽容对待。思想上要求要严，方法措施处理上要宽。用有的老师的说法即是"恩威并重"的原则。

运用宽严相济的策略，教师要处理好宽与严的关系。

所谓"严"，就是对学生的思想要求要严，教师对学生课堂上违纪行为要敢管，对学生暴露出来的学习、思想等方面的问题要从严要求，适时帮助教育。不允许违犯课堂纪律的行为存在。俗话说："没有规矩就不成方圆。"课堂上必须有必要的学习规范和纪律做保证，否则一盘散沙怎能上好课。

有的教师对学生纪律问题采取不闻不问的态度，只管教书不管育人。他们把学生的问题交给班主任或家长去纠正，这样可免去自己的麻烦。其实这是一个十分不明智的做法。不闻不问，表面看来省去许多麻烦，但实际上这是自找麻烦，因为学生在课堂的违纪行为仍然存在，它直接影响教师教学的顺利进行，教师还需对付他们。所以，教师对学生课堂纪律问题必须立足于敢管，要为建立一个严肃认真、生动活泼的课堂秩序而努力。

所谓"宽"，就是教师的教育态度要柔和，教育方法要灵活。卢梭说："有些人过分严格，有些人过分放任，这两种情况都应避免。"有的老师错误地认为，要严格在态度上就必须严厉。有的老师说："学生是'贱皮子'，你不批评他，他不听你的话，你一笑，他就闹。"有的老师说："管

理学生必须要严厉，让学生对你有点怕，才能树立起威信，搞好工作。"于是这些老师在学生面前整天板着面孔，被学生称为"老阴天"。这些做法会和老师的愿望相反。学生表面服了，但内心不一定服，结果是，学生见了老师"怕"，离了老师"炸"，老师见了学生不顺心，离了学生不放心。

"宽"就是教师在处理学生课堂违纪行为时，要严而有度，严之有理，严之成法。"宽"有宽容的意思，事实证明，有时宽容也是一种教育。教师在处理课堂学生违纪行为时一定要讲究方法，应以不给学生伤害为原则。但是有的老师在课堂上为了制服学生，用尽了讽刺、挖苦、体罚、变相体罚之能事。这都有悖于教师职业道德，也不会取得好的教育效果。

例如，这是一位上了大学的学生写给他中学老师信中的一段话：

记得有一次晚自习，你提问我，当时我出乎您的意料之外——没有答上来。于是您当众发火："别看什么第一名，又有多大的本事，连这样的题都答不出来，还考什么大学，真不知道害羞……"接着您又大声说："凡是成不了气候的都给我趁早滚蛋，少给我添烦……"您还在说，但我不敢再往下听，我害怕，当时我不敢抬头，那天晚上我第一次流了泪，是那样伤心，一夜没睡着，此后几天打不起精神。时隔四年了，但我耳旁仍时时回响您当时那可怕的声音，也许永远不会消失。老师，我能理解您一片真心，是为了我们好，是严格要求我们，但老师实话说，这种促进的方法是消极的。虽然在您的极度挖苦下，我也曾暗暗下过决心，一定要好好学习，勤奋努力，但它是不持久的，而更多的却是留给我们痛苦、眼泪，使我们丧失了做人的尊严，自尊心受到极大的伤害，正常的情感被压抑，因此我认为，挖苦、讽刺并不是一种教育良策。

这封信可启示老师，应尽可能避免讽刺挖苦学生的做法。

（四）慎用惩罚策略

在课堂管理当中，教师可不可以使用惩罚，这是一个一直被人争议，而至今又十分模糊的话题。有的专家认为，纪律等于约束，而约束必须求助惩罚。有的专家认为对于学生，教师绝不能运用惩罚，运用惩罚就意味着伤害学生，只能造成学生的对抗心理和敌对情绪，这无助于教育。美国

全国教育协会曾调查了教师对惩罚的看法，结果发现，约有70%的小学教师认为对小学生施以惩罚是正确的，约55%的中学教师赞成对中学生施以惩罚。由上可以看出，人们对惩罚的看法是不尽相同的。

那么教师在课堂管理过程中到底可不可以使用惩罚呢？现代教育科学研究告诉我们，惩罚虽然是一种有效的教育方式，但是，由于这种方式的局限性，特别是在操作上分寸掌握不好，使用不当会带来消极作用。它不能作为主导的教育方式，不能滥用。

心理学家珀西沃·西蒙兹说："当教师对学生不良行为作出惩罚性处理时，表面看来，他们好像是对学生的威胁进行斗争，但实际上这是一场他们注定要输掉的斗争，因为学生手里有一张王牌，那就是"他拒绝合作"。教师不能乱用惩罚，因为有些惩罚会使纪律不良的行为变得更糟糕，甚至难以消除。这是因为简单粗暴的处理，不能体现教育的真正意图，容易削弱教师的理智，致使教师忽视儿童的动机和行为基础，找不到纪律不良的真正根源。

在处理学生课堂违纪行为上，我们不提倡运用惩罚的办法。应以正面说服教育为主。但是，由于教师在实际课堂管理过程中，有时难以避免使用这种方法，因此我们又不能不对这一方法加以研究。

什么是惩罚教育？它是指学生犯了错误或出现缺点毛病时，针对他们的思想实际，向他们提出一些合理并带有强制性和处罚性的要求或处分，监督他们去完成，以达到惩前毖后，引以为戒的目的。教师在运用惩罚手段时应掌握以下规则：

1. 惩罚的有效性取决于师生的关系，如果教师与学生已经有了积极关系，惩罚比较有效。

2. 惩罚必须及时，惩罚必须紧跟在违反纪律之后马上进行，不要等这种错误行为上升后惩罚。

3. 惩罚时，应该让儿童明确了解他为什么受到惩罚。

4. 惩罚形式应当灵活多样，切忌千篇一律，这可以使学生产生不同的压力体验。

5. 一般说来，对于违反纪律的学生，如果事件的影响不大，那么私

下惩罚要比公开惩罚好。

6. 惩罚要讲分寸，用之恰到好处。

惩罚的方式方法有很多，通常不易采用严厉冷酷的批评，更应坚决避免"体罚"、"财罚"、"脑罚"、"辱罚"等，以下的惩罚方法可供参考：

（1）温和惩罚

温和惩罚可以看作为作出新反应的信号，终止不良行为。有的教师很注意用自己的表情对学生的影响正是这个道理。如当学生出现不良举止动作时，教师示以皱眉、摇头或其他手势，以表明"这是错误的，是不受欢迎的"，或是对学生进行和蔼的批评。幽默的规劝，都可以视为温和的惩罚。

（2）间接惩罚

一个学生出现错误行为，不给什么处分或批评，只是撤销对他原有的奖励，这就是间接的惩罚。另外，在某些情况下，对儿童的不良行为不批评，而采取不予理睬的态度也是一种间接的惩罚。

（3）替代惩罚

惩罚的目的不是制止某种反应，而是希望作出另一种正确的反应。如魏书生老师要求学生在犯了错误的时候，根据错误的大小或写说明书；或唱一首歌；或做一件好事。这种惩罚就如同苦味的良药，加了糖粉或裹上糖衣以后不苦了一样。学生在受惩罚中受到尊重，不受伤害，因此容易被学生接受。

（4）预期惩罚

预期惩罚是对惩罚有关要求和规定先前做出约定。使学生对过错行为将要导致的惩罚有所了解，从而提前做出警觉。如魏书生要求学生提前制订班规班法。对违犯班规班法的"处罚"通过全班讨论通过成为"合同"，这样学生行为前受到约束，行为后既知道怎样处罚，又心安理得不会有怨言。

教师要驾驭课堂，正确处理好学生违犯纪律的行为，应注意培养自己的教育机智。马卡连柯曾指出教育技巧的必要特征之一，就是要有随机应变的能力。有了这种能力，教师才能避免刻板的公式，正确估计判断课堂

教学中出现的意外事件，从而找到有效的方法并且正确地加以运用。

所谓教育机智，是指教师在教育教学工作中，那审时度势、随机应变处理问题的能力。它是教师一种教育教学艺术的体现。我们知道，课堂教学总是千变万化的，有时是风平浪静，有时会风起云涌，有时还会浊浪飞天。也就是说，尽管中老年教师上课已"久经沙场"，尽管青年教师备课已胸有成竹，但课堂上意想不到的事总有所发生，如有的学生的恶作剧，有的学生节外生枝，提出古怪的问题。遇到这些突发事件，没有经验的老师总是束手无策。而富有经验的教师则不仅不为意外事件所烦恼，甚至还会期待意外事件的出现。他们把这看作是一个机会：既有助于打破课堂的沉闷气氛，又使他们的教育教学艺术有用武之地。

教师的教育机智通过以下几个方面表现出来：

第一，敏锐的观察力。教师对学生课堂出现的问题处理如何，首先取决于对问题的洞察力。即能否通过观察，把握课堂上的"气候变化"，准确发现，及时了解学生细微的心理变化。

第二，迅速的判断力。对于课堂上出现的突发事件，教师应能够迅速而准确地作出反应。这就是一种判断力。对于这种判断首先依赖于教师平时对学生思想和个性尤其是个别生个性的了解。其次依赖于教师的逻辑推理判断，从观察所得的信息迅速推理而得；有的是直觉判断，像有的小说里所写的"第六感觉"那样。

第三，果断的应变力。所谓应变是教师拿出解决问题的办法，随机相宜地加以解决和处理。

张老师是一班班主任并任教一班和二班的数学课。一次学校组织篮球赛，一班打败了实力强又好胜的二班。第二天张老师到二班上课时，一进教室就"嗅"出气氛不对，他灵机一动，一改往常进教室时的和蔼神态，把脸一沉。他突然的严肃使学生没敢胡来。随后他说明这节课讲的内容是本章的重点和难点，要求学生认真听课。这节课他讲得格外认真，紧紧"抓住"了学生。临下课前一分钟，他脸上才现出笑容，说："请允许我占用一分钟就昨天的篮球赛讲三句话。第一句，场上是对手，场下是朋友；第二句，胜者有弱点，负者有长处；第三句，比赛是暂时的，友谊是长存

教育创新与课堂优化设计

的。"学生听了鼓起掌来。张老师终于化险为夷，他不仅绕过了这节课的"礁石"，还给了学生深刻的教育，增进了与学生的友谊，赢得了学生的敬佩。

教学机智既是一种教育教学艺术，也是一种教育教学能力。它集中表现教师的热忱、经验、胆识、修养、技巧等。它需要教师对学生和事业的热爱，对工作的热忱，博学多识，丰富的情感和幽默感。总之，它是一种"智慧"。每个老师都应努力去探索，积累，让它在你的教育教学工作中能助上一臂之力。

第五章　课堂管理的优化

第四节　结课的技能

　　一堂好课，不仅要有良好的开端，还应该有耐人寻味的结尾。教师应当合理安排课堂教学的结束，精心设计一个"言有尽而意无穷"的课的结语，做到善始善终，给课堂教学画上完整的句号。结课技能不仅应用于一节课的结束，一章知识的学习结束，也经常应用于相对独立的教学阶段的结尾。为了让学生感到课程的完整性，结课是课堂教学不可忽视的基本环节，若完成得好对整节课具有画龙点睛之功效。

　　教学的结课技能，是指在一节课内完成了预设的教学内容或活动时，教师利用课堂教学时间对该节课教学的知识进行归纳总结，并予以升华或延展的教学行为方式。探讨教学的结课技能经常以一节课为单位，但教学的结课技能也同样适用于一个单元或一个模块教学内容的结束时，这是教师必备的重要教学技能之一。

　　结课作为课堂教学的基本环节，根据其展开特点和要求，一般可以由以下几个方面构成：

一、简单回忆

　　简单回忆，是指教师利用课堂教学的结束环节，对该节课所传递的教学内容进行标题式的回顾，理清认识思路。这是结课环节中的铺垫部分，也是使用最普遍的环节。一般耗时不多，主要以教师的表述为主，用简洁的语言，紧紧围绕课堂教学的中心内容进行梳理，帮助学生形成知识系统

或实现知识条理化。例如，一位历史老师在讲《第一次世界大战》后帮助学生这样总结：

这节课简单地说可以小结为"一、二、三、四、五"。一个原因——帝国主义为重新瓜分世界争夺霸权的斗争；两个侵略集团：三国同盟和三国协约；三条战线——西线、东线和南线；四大战役——马恩河战役、凡尔登战役、索姆河战役和日德战；五个年头——从 1914 年到 1918 年。

教师利用几个数字，对本节课的教学内容进行了提纲挈的概括，简单明了，给学生留下清晰的印象。

二、提示要点

提示要点是指教师在课堂教学的结束环节中，主要就该节课教学中的重点、难点部分作进一步的说明，强调重要的概念、事实和规律。提示要点与简单回忆的不同在于，简单回忆重在知识梳理，提示要点则在于突出重点，深化知识的掌握。教师可以采用比较、提问等方法予以实施。

例如，教学数学"平行四边形面积的计算"时，教师采用了提问的方式进行结课。

师：今天我们学习了平行四边形面积的计算，我们是用什么方法求出它的面积公式的？

生：先把平行四边形变成长方形，再根据长方形的面积公式来求平行四边形面积公式。

师：这种方法我们叫什么呢？

生：割补法。

师：我们经常会遇到新的图形，想求它的面积，就可以用这种"割"、"补"的方法，把未知面积公式的图形转化成我们知道面积公式的图形，来求它的面积公式。以后学习三角形、梯形的面积公式也可用这种方法来推导。

三、巩固练习

巩固练习是指教师运用精心设计的练习题，通过学生的具体和实践活

动，巩固课堂教学传递的知识。结课中的练习题设讲究巧练，不求多，但求精。

值得注意的是，结课时的归纳总结不是对课堂所讲授的内容的简单的重复，而是对该节课内容的重点、难点、知识体系的强调陈述，重在对知识的整理和概括。它要求教师对所传递的知识要有学科的整体意识，明确学科知识的重点、难点和关键点以及学生掌握该学科知识容易发生的普遍问题，使得归纳式结课给学生留下深刻的印象，具有画龙点睛之功效。因此，准确、明了、具有一定的启发性是归纳式结课方法所要追求的准则。

例如，小学数学课"乘除法各部分之间的关系"一节，教师利用板书进行归纳式结课，板书内容如下：

积＝因数×因数

因数＝积÷另一个因数

商＝被除数÷除数

除数＝被除数÷商（求除数用除法）

被除数＝商×除数（求被除数用乘法）

教师结合板书进行总结，可以让学生更加清晰地理解该节课教学内容的重点，以及知识之间的内在联系，加深学生的理解和巩固。

当然，教师在结课时，可以采用探索式结课方法，即教师利用课堂教学的结束环节，结合该节课的教学内容，提出问题，引导和鼓励学生把所学的知识向课外延伸，激发学生学习和研究新知识的兴趣，提高学生分析问题和解决问题的能力。